JN065893

3年間を見通せる

中学校
学級経営
コンプリート

冨山哲也・杉本直美

［編著］

東洋館出版社

はじめに

　本書が刊行される令和2年（2020年）現在、教師については、その多忙さが社会的な問題として取り上げられています。専科教員として教科指導を中心とする中学校教師にとって、学級経営はともすると苦手意識をもたれ、多忙感に拍車をかけている状況があるかもしれません。しかし、そもそも、学級活動や学校行事は学習指導要領の「特別活動」に位置付けられており、生徒指導や「特別の教科である道徳」の指導も、中学校教員が職務として計画的に進めなければならない内容です。生徒一人一人が、安全で充実した中学校生活を送るために、「経営力」を向上させていく必要があります。

　本書は、学級経営に悩んでいる、特に教職経験の浅い先生方を意識して編集しました。序章では、中学生の発達上の特徴と、中学校教師の仕事を整理しました。第1章では、一年間の主な行事に沿って学級経営のポイントを解説しています。各行事の扉には、3年間を見通せるページを設けました。前年度の成果や反省等、引き継ぐべき事項をメモするとともに、本年度の目標を簡潔に書き込めるようにしています。学年ごとのページでは、当該行事等の指導に当たっての基本的な考え方や指導例を掲載しています。第3章では、現在、学級経営を進める上で特に注意したい内容を取り上げました。これらの課題への対応については、社会の変化に即して知識を更新していく必要があります。本書の内容をベースにして、自ら情報を得るようにしてほしいと思います。

　学級経営の全体像を捉え3年間の見通しをもつことが、能動的な実践につながります。本書が、先生方の学級経営の充実に役立つことを期待しています。

　令和2年3月　　　　　　　　　　　　　　編者を代表して　冨山哲也

本書活用のポイント

1．まずは3年間を見通そう

5

家庭学習

①この節で取り上げる内容の
　指導のポイントを確かめる。

> 　家庭学習は自ら学ぶ気力と習慣が全てです。各教科内容の指導は教科担当の責任ですが、学習意欲は学級担任によるところが大きく、その指導次第でクラスに前向きな空気が醸成され、全体的に成績も向上します。一人一人の生活や性格に合わせ、タイミングよく意欲をかきたて、適切に振り返らせながら、自ら学ぶ素地を養いましょう。家庭で机に向かう我が子を目にすれば、保護者も安心します。

1 年生　マイルールを決めさせ、学習習慣を付ける

②各学年ごとの指導のポイ
　ントを確かめる。

それぞれの生活に合わせて、学習のスタイルとルールを決め、短時間でも机に向かい、予習や復習を中心に学習習慣を確立させましょう。保護者と連携しながら、根気よく励ましたり、助言したりします。

準備すること

ふりかえり

③指導に向けて準備しておくことや、前年度の反省、
　積み残した課題を踏まえての申し送り事項、
　また今年度の振り返りなどを記入する。

第1章は、1年間の行事や指導項目ごとに節を立てています。それぞれの節では、まずトップページに3年間の指導を見渡し、振り返りなどを書き込めるページを設けその後に、1年、2年、3年とそれぞれ詳説する構成になっています。

2年生 生徒ごとに学習方法を確立させる

学級で教科ごとの具体的な学習方法に関するアイディアを紹介し合い、その中から、自分にとって効果的な学習方法を試し、確立させましょう。

前年度からの申し送り

ふりかえり

2. 担当する学年の指導のポイントを確かめよう

次ページからの担当学年の解説ページを読み、本年度の指導のポイントを確かめる。また他学年も併せて読み、学級の実態の確かめや、目指したい姿として確認しておく。

3年生 家庭学習のPDCAに寄り添う

部活動引退後の時間の使い方を工夫させましょう。帰宅後、夕食後、登校前など家庭時間をブロックにして計画を立てます。休憩を入れることも効果的に学習を進めるポイントです。

前年度からの申し送り

ふりかえり

1年生 家庭学習―1年生

無理のないマイルールを決めさせ、学習習慣を確立させよう

小学校では、毎日一定量の宿題が一人の担任から出されるため、自分で学習内容を考えて取り組む必要性があまりありませんでした。ところが中学校は、教科担任制です。課題提出の期限が多く設定されていたり、慣れない部活動に疲れたりして、気付けば家庭で学習しないことが増えてしまうケースも見られます。

そうならないよう、1年生の前半には、学習内容の理解もさることながら、机に向かう習慣を身に付けさせないものです。短時間でもかまわないので毎日続けさせることが重要です。家庭学習がルーティン化できれば、1年生としては大成功です。今後の学校生活の自信にもなります。

家庭学習を習慣化させるために「型」を確立させることが大切です。そこで、新学期当初に「マイルール」を各自で考えて取り組ませ、その後、学級で、実行状況や効果的な学習方法を語り合いましょう。

マイルールの観点

①どこでするか。
自分の部屋、リビング、図書館（開館時間による）など。
②いつするか。
帰宅後すぐ、夕食後から入浴までの間、朝食前など。
③どれだけするか。
1年生1時間、2年生2時間、3年生3時間を目安に個々に応じて行う。難しい日は10分程度で。
④どんな服装でするか。
制服のまま、私服で、パジャマでなど。
⑤何をするか。
数学と英語を中心に行う。
⑥何から始めるか。
得意教科の復習から、熟語や英単語を五つ覚えることから、音読から、授業問題からなど。
⑦誘惑（スマホやコミック等）をどうするか。
勉強する部屋以外の場所を定位置に、車に掛けるなど。
⑧どのようにして集中するか。
タイマーの設定、飲食禁止、BGM、耳栓をする、トイレや洗顔をすませる、ストレッチ、香りのスプレー、など。
⑨できたら何かするか。
録画したドラマを見る、ゲームを1時間するなど。
⑩不得な日はどうするか。
部活動や習い事の有無に合わせて複数のスタイルを用意しておくなど。

懇談会の話題にして、保護者とともに支える

まずは一定期間続け、時々自己評価の機会を設け、うまくいかない場合に原因を考えて修正させます。担任は保護者と連携し、一人一人の弱い気持ちに寄り添いながら、スタイルが確立するまで、根気よく励ましたり励励したりします。

■ Check List
□ 家庭で毎日机に向かうよう指導しましたか。
□ 生徒に自分で決めたルールを実行する声かけをしていますか。
□ 保護者との共通理解のもとで生徒にマイルールを実行させていますか。

もくじ	3年間を見通せる 中学校学級経営コンプリート

第2章 SOS! 待ったなしの学級経営

中学校教師の役割

序章

1 中学校教師の仕事

　今、教師の多忙化が話題になっています。「教員勤務実態調査（平成28年度）の分析結果及び確定値の公表について」（文部科学省、平成30年9月）によれば、中学校教師の一日当たりの学内勤務時間の平均は11時間32分、1年間当たりの有給休暇の平均取得日数は8.8日となっています。こうした問題を解決するために、国や地方自治体が様々な対策を講じているところです。また、地域や保護者、専門機関の方々が学校教育を積極的にサポートする取組も一層広がりつつあります。一方、教師の「多忙感」を軽減するためには、教師自身が業務の内容やその進め方についての理解を深め、「計画―実行―評価―改善」を速やかに進められるようにすることが大切です。まずは、自分が行わなければならない業務の全体像を捉えてみましょう。そして、計画的に実行していくことが必要です。

■ 教師にはどんな業務があるか

　まず、教師にはどのような業務があるのかを改めて整理してみましょう。「教員勤務実態調査」では、教師の業務を次の表のように分類しています。丸数字は、筆者が便宜的に付したものです。また、独自に「チェック欄」を付加してみました。それぞれの項目への時間や労力の掛け方、自身の業務の習熟の度合い、本年度重点的に取り組みたいことなどを、個人で、または同僚と一緒に是非チェックしてみてください。

児童生徒の指導に関わる業務

業務分類	具体的内容	CHECK
①朝の業務	朝打合せ、朝学習・朝読書の指導、朝の会、朝礼、出欠確認など	
②授業（主担当）	主担当として行う授業、試験監督など	
③授業（補助）	ティーム・ティーチングの補助的役割を担う授業	
④授業準備	指導案作成、教材研究・教材作成、授業打合せ、総合的な学習の時間・体験学習の準備など	
⑤学習指導	正規の授業時間以外に行われる学習指導（補習指導・個別指導など）、質問への対応、水泳指導、宿題への対応など	
⑥成績処理	成績処理にかかわる事務、試験問題作成、採点・評価、通知表記入、調査書作成、指導要録作成など	

業務分類	具体的内容	CHECK
⑦生徒指導（集団）	給食・栄養・清掃指導、登下校・安全指導、健康・保健指導、全校集会、避難訓練など	
⑧生徒指導（個別）	個別面談、進路指導・相談、生活相談、カウンセリング、課題を抱えた児童生徒への支援など	
⑨部活動・クラブ活動	授業に含まれないクラブ活動・部活動の指導、対外試合引率（引率の移動時間も含む）など	
⑩児童会・生徒会活動	児童会・生徒会指導、委員会活動の指導など	
⑪学校行事	修学旅行、遠足、体育祭、文化祭、発表会などの行事、学校行事の準備など	
⑫学年・学級経営	学級活動・HR、連絡帳の記入、学級通信作成、名簿作成、掲示物作成、教室環境整理など	

学校の運営に関わる業務

業務分類	具体的内容	CHECK
⑬学校経営	校務分掌業務、初任者・教育実習生などの指導、安全点検・校内巡視、校舎環境整理など	
⑭職員会議・学年会などの会議	職員会議、学年会、教科会、成績会議、学校評議会など校内の会議など	
⑮個別打ち合わせ	生徒指導等に関する校内の個別の打合せ・情報交換など	
⑯事務（調査への回答）	国、教育委員会等からの調査・統計への回答など	
⑰事務（学納金関係）	給食費や部活動費等に関する処理や徴収などの事務	
⑱事務（その他）	業務日誌作成、資料・文書（校長・教育委員会等への報告書、学校運営にかかわる書類、予算・費用処理関係書類）の作成など	
⑲校内研修	校内研修、勉強会・研究会、授業見学など	

外部対応

業務分類	具体的内容	CHECK
⑳保護者・PTA対応	保護者会、保護者との面談や電話連絡、保護者対応、家庭訪問、PTA関連活動、ボランティア対応等	
㉑地域対応	町内会・地域住民への対応・会議、地域安全活動、地域行事への協力など	
㉒行政・関係団体対応	行政・関係団体、保護者・地域住民以外の学校関係者、来校者の対応など	

校外

業務分類	具体的内容	CHECK
㉓校務としての研修	初任研、校務としての研修、出張を伴う研修など	
㉔会議・打合せ（校外）	校外への会議・打合せ、出張を伴う会議など	

その他

業務分類	具体的内容	CHECK
㉕その他の校務	上記に分類できない校務、移動時間など	

一覧を見ると、一般的に教師の仕事として捉えられている「児童生徒の指導に関わる業務」に加え、学校の運営に関わる業務や外部対応にも多くの項目があることが分かります。特にこれからの時代、保護者や地域との連携が一層大切になっていくため、外部対応の比重が高くなることが予想されます。

■ 中学校教師の仕事の特徴

「教員勤務実態調査」では、設定された期間に、各業務についてどれくらいの時間を使ったかを調査し集計しています。調査結果によると、中学校教師が平日に最も多くの時間を使っているのは、「②授業」と「④授業準備」です。平成18年度に実施した前回調査と比べると、中学校では、平日は、「②授業」、「④授業準備」、「⑥成績処理」、「⑫学年・学級経営」にかける時間が増加しています。土日については、「⑨部活動」、「⑥成績処理」が増加しています。中学校教師として不断の授業改善と丁寧な学習評価が進められていることが分かります。2021年度から、中学校でも新しい学習指導要領が全面実施になります。円滑にスタートできるよう、本年度のうちに準備をしておくことが大切です。

これに次いで、「⑦生徒指導（集団）」、「⑨部活動・クラブ活動」、「⑥成績処理」、「①朝の業務」、「⑫学年・学級経営」、「⑪学校行事」の順になっています。⑦、⑫、⑪など、学級集団を対象にした業務に多くの時間と労力が割かれていることが分かります。心身ともに急激に成長する中学生にとって、よりよい集団の中で個々の豊かな成長を図ることはとても大切です。小学校とは異なり、基本的に一日中同じ学級の子供に関わるわけではない中学校教師だからこそ、限られた時間で生徒理解を図り、学級づくりを進める力量が求められます。

「⑧生徒指導（個別）」に関する時間が多いのも中学校の特徴です。進路指導に加え、思春期の生徒を巡る諸課題に対応するための個人面談やカウンセリング等が増えているのでしょう。教育相談の進め方の理解、人権感覚、特別な支援を要する生徒への配慮など、知識を更新するために学び続ける必要があります。

■夢や目標をもち挑戦できる生徒に

　中学生に求めるものは人によって様々だと思いますが、予測困難と言われるこれからの時代を力強く生きていくために、夢や目標をもち、何事にも興味をもって挑戦できる生徒になってほしいというのは、多くの教師に共通する願いだと思います。

　では、中学生の意識はどうでしょうか。次に示すのは、毎年4月に実施される「全国学力・学習状況調査」の「生徒質問紙調査（平成31年度）」の項目です。それぞれについて、「当てはまる」と答えた生徒（中学3年生）が何パーセントだったと思いますか。考えて書き込んでみてください。

❶将来の夢や目標をもっていますか。　　　　　　　　　　　　　　　　　%

❷ものごとを最後までやり遂げて、
　うれしかったことがありますか。　　　　　　　　　　　　　　　　　%

❸難しいことでも、失敗を恐れないで挑戦していますか。　　　　　　　%

　結果は最下欄に示しました。小学校6年生の回答と比較してみましょう。❶に「当てはまる」と答えた小学校6年生は65.9%、❷は79.5%、❸は30.2%でした。ものごとを最後までやりとげた喜びは多くの中学生が感じていますが、夢や目標をもつこと、失敗を恐れずに挑戦する気持ちは、小学生よりもかなり下回ってしまっています。この現状をどう捉えますか。中学校教師の多様な仕事の成果を検証するためにも、このような意識調査の結果を参考にすることも検討してみてはどうでしょうか。

[結果] ❶44.9%　❷75.7%　❸22.5%

2 中学生の発達と育てたい姿

　生徒指導に関する学校・教職員向けの基本書である『生徒指導提要』（文部科学省、平成22年3月）の中では、生徒指導を通して育まれていくべき資質・能力として、「自発性・自主性」、「自律性」、「主体性」を挙げています。「自発性・自主性」とは、他者から強制されなければ行わない、他者から指示されないと行わない、他者と一緒でなければ行わないなどの受動的な姿勢や態度ではなく、能動的に取り組んでいく姿勢や態度のこと。「自律性」とは、自分の欲求や衝動をそのまま表出したり行動に移したりするのではなく、必要に応じて抑えたり、計画的に行動することを促したりする資質のこと。「主体性」とは、与えられたものであっても、自分なりの意味付けを行ったり、自分なりの工夫を加えたりすることで、単なる客体として受動的に行動するのでなく、主体として能動的に行動すること。このように説明されています。

　これらの資質・能力を育てていく上で踏まえる必要があるのが、中学生の発達の特徴です。『生徒指導提要』では、第3章・第3節「青年期の心理と発達」において、この点について詳述しています。その中から、ポイントを絞って紹介します（以下、　　　　　内は、『生徒指導提要』からの引用です）。

■ 自我の確立と反抗期

　青年期における自我の目覚めは、まず親や教員への反抗や批判という形で現れます。急速な身体的発達は、青年に一人前の大人になった自覚を持たせ、知的発達は、両親や教員や世間一般の大人たちへの批判を増大させることになります。青年は、独立的、自立的な行動への要求を感じ、自己を主張して大人と同等の権利を獲得しようとしますが、大人たちが青年の未熟さを指摘して依然として子ども扱いを続け、事あるごとに干渉すると、その干渉をはねのけようとして、青年は反抗します。

　生徒の心身の発達は個別に異なりますが、一般的に中学生は、急速な身体的発達、知的発達の時期を迎えます。よく、小学校1年生と6年生は全く違うということが言われますが、中学校1年生と3年生も全く違

います。まだ幼く見える1年生が、3年間で心身ともにたくましい「大人」になっていく様子を見て、驚かされることが多々あります。

　知的・身体的発達が、子供たちに自立・独立の要求を生じさせるとともに、大人を批判的に見ることにつながっていることを認識するのがとても重要です。例えば、「校則」について、「あなたたちはまだ子どもなんだから、黙って大人の決めたことに従うべきだ」という姿勢では、生徒の反感を買うばかりです。「校則」を定めている理由や背景を論理的に説明したり、「校則」の在り方について生徒とともに議論したりすることが効果的です。その過程で、集団としての在り方、権利と義務の関係、社会のルールやマナーなどについて深く考えさせ、生徒の視野を広げさせることが大切です。

■友人関係と親子関係

　友人関係は、青年期における人間関係の中核と言えます。青年期は、親からの分離に伴い、親とは違う自己の考えに共感してくれる同世代の友人へと関心が向かいます。この時期の同世代の友人との交流は、家庭から社会に向けた第一歩となります。（略）

　友人関係の機能としては、対人関係能力の学習、情緒的安定化、自己形成のためのモデルなどがあります。つまり、友人関係を通して、対人関係場面での適切な行動を取るための社会的スキルを学習します。また、友人が緊張や不安、孤独などの否定的感情を緩和・解消する存在となります。さらに、自分の行動や自己認知のモデルとなります。

　中学生にとって友人関係がいかに重要なものであるか、学級経営をする上で十分に理解しておく必要があります。多くの大人が中学生時代に「親友」という言葉に特別な意味合いを感じ、「自分には『親友』と呼べる友人がいるか」と思い悩んだ経験があることでしょう。上で述べられているように、よい友人関係をもつことで、生徒は思春期の揺れ動く情緒を安定させたり、ストレスを軽減したりすることができます。また、自分と友人を比べることで、自分とは何かを考えるきっかけにもなります。一方、友人関係を重視するあまりグループへの同調傾向が強くなり、

自分の意に沿わない行動に走ることも出てきます。その際、大切になるのが親子関係です。「親離れ」をしながらも、根底に心理的な結び付きがあれば、適切な意思決定がしやすくなります。親にしてみると、中学生になった時点で子育てが一段落したと感じる向きもあるかもしれませんが、保護者会などを通じて、中学生にとっての友人関係と親子関係について自由に意見交換する時間などを設けたいものです。

■将来に向けての展望

　青年期は、認知的な発達が進み、未来への見通しを持って物事を考えられるようになります。これに対して児童期は、未来を肯定的にとらえていますが、人生設計は空想のレベルにとどまっています。青年期の自己の確立には、社会的自立という目標を目指した行動が重要になるので、現在と結合した積極的肯定的な未来を望む思考への変化が必要であるとされています。

　小学校時代にもっていた夢が、中学校時代に失われてしまうのは残念なことです。しかし一方で、壮大な夢はあるが、その実現に向けた見通しをもとうとしないというのでは児童期と変わりません。夢を大事にしながらも、社会的自立を基本にしながら、どのように夢を現実化していくのか、そのために今は何をしたらよいのかを考えさせることが大切です。例えばスポーツに関しては、「する」、「見る」、「支える」といった多様な形での参画が提唱されています。サッカー好きの生徒の全てが、「プロサッカー選手になる」という夢を実現することは不可能でしょう。でも、サッカーを見たり、サッカーを支えたりすることに視野を広げれば、サッカーに関わる多様な将来像が想定されてきます。このように将来を肯定的に捉えるようにすることが、中学校教師の大事な仕事です。

■小学校との連携

　発達的変化は、開始時期や速度、程度に個人差があり、また、すべてが小学校6年生から中学校1年生への移行と同時に生じるわけではない

のですが、多くの場合、小学校高学年から中学校1年生くらいへの長い移行の時期と重なっています。学校移行の時期に、発達的な変化が重なりやすいことが、移行期における問題行動の増加にかかわる要因であると考えられています。

　中学生になると問題行動が増加したり、学習についていけない子供の比率が高くなったりすることについては、「中1ギャップ」と呼ばれて大きな課題となっています。様々な原因が指摘されていますが、一つは、学校規模の拡大、学級担任制から教科担任制への移行、学習内容の増大、標準服の着用等の校則の違いなど制度上の変化です。これに加え、ちょうど小学生から中学生になる頃に、多くの子供が大きな発達的変化を迎えることが影響していると考えられます。自分の身体的な発達に戸惑うとともに、知的な発達が、制度的な変化に鋭敏になったり批判的になったりすることにつながります。

　こうした課題を解決するために「ギャップ」をなくすという方法も考えられますが、一方で、「ギャップ」が成長のきっかけになるという面も否定できません。中学生になったばかりの生徒の心身の状況を想像し、戸惑いを乗り越えさせながら成長を促していく姿勢が必要です。

■ 中学校版「スタートカリキュラム」

　現在、小学校1年生では、幼児期の学びから小学校教育への円滑な接続を目的としたカリキュラム編成の工夫の取組が行われており、「スタートカリキュラム」と呼ばれています。幼児が小学校に入学した直後には、教科や教科書がある、時間割がある、自分が使う机や椅子が決まっている、遊びの時間が決まっているなど様々な変化があり、それに戸惑い円滑に新生活をスタートできない子どもがいます。この問題を解消するため、4月のスタート期に、15分程度のモジュールで時間割を構成したり、生活科を中心にした合科的・関連的な指導を行ったりするなど、カリキュラムの工夫をしています。中学校においても、教師による小中連携を一層推進して相互理解を図った上で、中学校版「スタートカリキュラム」を立案・実施してみてはどうでしょうか。

家庭訪問

下見を行う

　家庭訪問は、生徒理解の一つとして、各生徒の暮らす環境や背景を知るためのものです。

　下見は主に、不慣れな土地を時間どおりに回るためのものですが、同時に、生徒の通学路の安全や、周辺の環境を知り、いざというときに生かすためのものであります。ぜひ、コースを事前に回っておきましょう。

時間は信用、10分以上遅れる場合は連絡する

　学校側の都合で各家庭を訪問するのですから、まずは時間通りに回ることが基本です。計画の段階で、途中に調整時間を確保し、あらかじめ余裕をもたせておくことも重要です。

　10分以上遅れる場合は、電話などで次の家庭へ遅れることを必ず連絡しましょう。緊急のときは職員室の同僚を頼るなど、連絡を入れる手段を複数考えておくことが大切です。

生徒一人に三つの情報をもつ

　「担任したてでまだ分からないので、今日は○○さんのことを教えてください」などのセリフは、保護者にとって大変期待外れのものです。保護者は、学校での様子が心配で、子供の様子を聞くのを楽しみにしています。それは保護者の安心にもつながります。

　授業、休み時間、当番活動や行事など、その生徒について学校での頑張りや活躍を伝える肯定的な材料を、まずは三つ、保護者に伝えましょう。生徒の様子が語れない先生とは、信頼関係はなかなか築けません。

近年は玄関先や、学校での懇談などの形も

　近年、玄関室や玄関先での懇談、また学校での懇談という形も増えています。各家庭のプライバシーについての考え方の違いに寄り添いつつ、無理なく柔軟に進めましょう。ただし、客間や応接室に通された場合に慌てることがないよう、靴の脱ぎ方や和室・ソファでの座る位置などのマナーや慣習を、事前に確認しておきましょう。服装に気を付けることは、言うまでもありません。

行事や校内生活でみる
学級経営

第1章

1

春休み中にやって おくべきこと

春休みは、教師も新しい出会いに心をときめかせる期間です。しかしながら、年度末や年度当初は、会議や業務が立て込む時期でもあり、「あれもやりたい」「これもやりたい」という思いだけでは、新学期からの取組が空中分解してしまうおそれがあります。限られた時間の中で、効果的な1年間のプランニングを行うには、多くの情報を集めるとともに、担当する学年に応じて自分自身の取組を確認することが大切です。

1年生 スムーズに中学校生活を スタートさせる

生徒が中学校生活をスムーズにスタートできるように、小学校から送付される指導要録などに目を通し、学習面、友人関係、家庭環境など生徒の情報を集めて整理しましょう。

準備すること

ふりかえり

2 年生 生徒一人一人の活躍の場を 想定する

前年度の取組を振り返ることで生徒理解を進め、また、教師として
の自己分析を進め、一人一人の生徒が活躍する具体的な場をイメー
ジしましょう。

前年度からの申し送り	ふりかえり

3 年生 進路実現に向けた構想を練る

一人一人の生徒の活躍の場を想定するとともに、最新の入試制度を
調べたり、それぞれの学習状況を確認したりするなど、進路の実現
に向けてどのような支援ができるのかを具体的にイメージしましょう。

前年度からの申し送り	ふりかえり

生徒の情報をできる限り集めて整理することが、学級経営のスタート

　第1学年の担任をすると決まった春休みは、まだ見ぬ生徒たちを思い描きながら、新学期の準備を進めることになります。だからといって何の情報収集もせずに入学式を迎えてはいけません。生徒たちと顔を合わせたことがないからこそ、できる限りの情報を集める必要があります。小学校から送付される指導要録などを基に、担当する生徒の情報を集めることが重要です。学習面だけでなく、家庭環境や友人関係、小学校の教師との関係なども貴重な情報です。保健関係の資料からも、多くの情報を得ることができます。小学校と連携して進めましょう。これらの情報を整理することが、よりよい学級経営のプランニングの第一歩です。

生徒の情報を可能な限り集め、情報を更新する

何事も、現状分析をベースにしなければ、効果的なプランニングはできません。

例えば、小学校から送付される指導要録からは、担当する生徒の得意な教科と、苦手な教科を知ることができます。また、生徒の性格や友人関係、家庭環境などを把握することもできます。この際、生徒の名前と顔を覚えるようにするとよりよいでしょう。

学級経営のプランニングをするときに重要なのは、「あれもやりたい」、「これもやりたい」と考える前に、担当する生徒の情報を可能な限り集めて整理し、現状分析を行うことです。もちろん、新学期が始まると、「情報と違うな」と感じることもあるでしょう。そのときは、生徒の情報を更新しながら学級経営を進めていけばよいのです。また、整理した情報を、教科担当や学年の担任間で共有し、多面的、多角的に生徒を見守り、育てる環境を整えましょう。

生徒が安心して中学校生活をスタートできることを第一に

生徒にとって中学校への入学は、大きな環境の変化に身をゆだねることでもあります。複数の学校から進学してくる中学校では、新しい人間関係に不安を覚えている生徒も多くいます。

集めた生徒の情報をまとめていく際に重要なのは、「担当する全ての生徒が、安心して中学校生活をスタートできるか」という視点で考えることです。特別な配慮が必要な生徒については、小学校に連絡を入れたり、特別支援教育コーディネーターと面談したりするなど連携を図ることが大切です。また、入学前に保護者と直接話をすることも考えられます。第1学年を担当することに決まった春休みは、生徒を中学校生活のスタートラインに立たせる準備をする期間でもあるのです。

▶ Check List

□指導要録や小学校からの資料などを基にして、担当する生徒の情報を可能な限り集めて整理しましたか。

□担当する生徒が安心して中学校生活をスタートできる状態ですか。

現状分析を進め
生徒全員が活躍する
具体的な場をイメージしよう

　中学校生活に慣れた第2学年を担当する場合は、様々な場面で生徒一人一人の成長を支援していくことが大切になります。春休みには、前年度の生徒の状況を具体的に把握して、学級経営のベースとなる現状分析を進めましょう。それと並行して、教師自身の前年度の取組を振り返ることも重要です。自分自身の取組を振り返ることで、生徒が教師に対してもっているイメージを想定することができ、その関係性も踏まえての学級経営をプランニングすることができます。

　そして、現状を踏まえ、担当する生徒一人一人が、活躍する場面を具体的に想定してみましょう。

生徒理解を進めるとともに、自己分析を行う

　第2学年を担当することに決まった春休みは、生徒の情報を具体的に

把握します。1年間の中学校生活を通して蓄積されている、学習面、生活面、人間関係等の情報を集めることが必要です。その際、前担任や学年の教職員だけでなく、養護教諭との連携も意識しておきましょう。養護教諭から得られる情報は、教師が気付かない視点のものも多く、学級経営にとって大きな糧となります。

　前年度から継続して担当する場合は、生徒が、どのように教師である自分を見ているか、どんなイメージをもっているかを客観的に把握しましょう。そうすることで、教師としての自分自身の前年度の取組を振り返ることが重要です。また、教科指導や生徒指導の中で、「できたこと」や「できなかったこと」などを整理してみましょう。「なぜ、上手くいったのか」、「どうすればよかったのか」と考えてみると、そこから学級経営の新しい発想が生まれてくるはずです。

クラス全員の活躍の場を想定する

　第2学年の生徒を担当する場合、最高学年の前段階としての意識をもたせつつ、学校行事等を通して、生徒の成長を支援していくことが一層大切になります。ですから、春休みに、生徒一人一人が活躍する場を想定しておくことが重要です。

　「生徒Aは、文化祭の合唱の取組の中で」、「生徒Bはクラス組織の○○の中で」などといったように考えてみましょう。もちろん、適性に合わせて役割を振っていくだけが学級経営ではありません。「生徒Dには、○○にチャレンジして成長してほしい」などのイメージをもつことも大切です。実際の学級経営では、教師の想定のまま進むとは限りませんが、全員の生徒に活躍の場をもたせたいとイメージすることは、試行錯誤しながらよりよい学級経営を進める一助になるはずです。

🖙 Check List

□ 前年度の生徒の情報を集めて生徒理解を進めるとともに、教師としての自分自身の取組を振り返りましたか。

□ 1年間の学校行事等の中で、担当する生徒全員の活躍の場を想定しましたか。

3年生

春休み中にやっておくべきこと－3年生

生徒の課題克服や進路実現に向けて「できること」を具体的に想定しよう

| 4月 | 5月 | 6月 | 7月 | 8月 | 9月 | 10月 | 11月 | 12月 | 1月 | 2月 | 3月 |

　新年度から3年生を担当する春休みには、最高学年として中学校を引っ張っていく集団を形成するために必要なことをイメージするとともに、進路実現に向けた取組を具体的に想定する必要があります。進路指導担当と連携し、最新の入試制度についても理解しておくことが重要です。それは、保護者からの信頼を得ることにもつながります。

　また、新学期が始まってからできる限り早い段階で生徒との面談を行うことも大切です。その際、生徒自身に「今年は○○に取り組もう」、「○○の課題を克服しよう」と明確な目標をもたせるために、一人一人の生徒の現状を踏まえた支援を具体的に考えておく必要があります。

最高学年としての取り組みと進路実現に向けたプランニング

　前担任や養護教諭等との連携を通じて、担任する生徒の情報を可能な限り集めておくのは、第2学年と同様です。春休みのうちに、生徒の現在の状況を具体的に把握すると、一人一人の生徒についてどのような支援をしていけばよいのかが見えてきます。

　第3学年の学級経営では、最高学年として様々な行事の中で生徒が成長できるように支援するとともに、進路実現に向けた取組を具体的に考えていくことが必要になります。生徒との面談の際に、一人一人の生徒とどのような話をするのかを具体的に考えておきましょう。そのためには、今までの進路に関する資料を改めて生徒別にファイリングし、気付いたことなどをメモしておくことを進めます。進路については、生徒・保護者の関心も高いため、具体的な助言が求められます。そのときの資料として有効なものになるはずです。

一人一人の生徒が具体的に「できること」をイメージする

　第3学年を担任する場合、生徒の状況をかなり具体的に把握することができます。進級した生徒たちは、「最高学年として○○に取り組みたい」といった思いをもって始業式を迎えます。その反面、「第2学年までに○○についてはやりたかったことができなかった／目標を達成できなかった」といった悩みを抱えていることも想定されます。

　第3学年の担任は、生徒のよさを伸ばすととともに、課題を克服するための支援を具体的に行っていくことが重要になります。特に後者の場合は、抽象的な助言をするのではなく、生徒が「これならばできる」といった前向きな思いをもつようにアドバイスをしなければなりません。「できないことができるようになる」ためには、「できないことを言い訳にする」のではなく、「できることから始めよう」と意識付けることが大切です。

▶ Check List
　□現状分析とともに、進路実現に向けた最新の入試動向などの情報収集を行いましたか。
　□一人一人の生徒が「具体的にできること」をイメージしましたか。

2

入学式／始業式

儀式的行事のねらいは、「学校生活に有意義な変化や折り目を付け、厳粛で清新な気分を味わい、新しい生活の展開への動機付けとなるようにすること」です。生徒は皆、始業式の日は新鮮な気持ちで学校に来ています。そのときの気持ちを大切にしながら、学校生活を明るくスタートさせたいものです。また、学級との出会いも重要です。「このクラスでよかった！」と思えるような出会いを演出しましょう。

1年生 中学生としての心構えをもたせる

「１日の流れ」プリントを配布し、入学式で自分たちがすべきことを把握させましょう。安心感とよい緊張感をもって臨むことで、胸を張って中学生としての第一歩を踏み出させましょう。

準備すること	ふりかえり

2年生 今年のテーマを 二字熟語で表現させる

上級生としての期待と、新たな人間関係に不安を覚えている生徒たちに、今年の自分のテーマを発表させましょう。意欲を新たにするとともに、お互いを知り合う機会にもなるでしょう。

前年度からの申し送り

ふりかえり

3年生 最上級生としての自覚を高め 最後の１年の見通しをもたせる

自分なりの最上級生像を明確にさせて自覚を高めましょう。また、「年間カレンダー」を作成し、行事や進路などの取り組みの見通しをもたせてクラスで共有し、学級としての目標や思いを共有しましょう。

前年度からの申し送り

ふりかえり

ドラマチックな入学式で中学生としての心構えをもたせよう

　1年生の入学式は重要な儀式です。中学生という義務教育最後の三年間の始まりでもあり、新たな友達との出会いの場でもあります。生徒の新鮮な気持ちを大事にしつつ、その期待を上回るようなドラマチックな入学式を演出したいところです。そのために大切なことは①新入生が自分のやるべきことを理解し、自信をもって式に臨めること、②在校生が新たな仲間を歓迎し、先輩としてのふさわしい態度で迎えることの2点です。全校の力で心に残る入学式にしましょう。小学校との違いを目のあたりにした生徒たちは、気持ちも新たに中学生としてこれから過ごしていくのだという心構えをもつはずです。

「1日の流れ」プリントで新入生に自信をもたせる

　新入生は緊張しています。友達はできるか、先輩は怖くないか、どんな先生が担任か……。様々なことで頭がいっぱいです。そんなときには、

今日一日に何をするのかを明確にし、具体的な行動に目を向けさせることが重要です。そこで、入学式前には「１日の流れ」を示したプリントを配付し、丁寧に説明することが大切です。

　例えば、次のようなことが書いてあると生徒は安心します。
□入学式は、およそ何分くらいなのか。□どうやって入場するのか。
□座席はどこにあるのか。□先輩はどこにいるのか。
□起立、礼はいつ、何回するのか。□１人ずつ返事をするのか。

　説明が終わったら、それぞれ学校のきまりを踏まえて教室内で起立・礼の練習や返事の発声練習をしましょう。見通しがもてることで緊張がやわらぎ、安心して入学式に臨めます。

在校生の校歌や掲示でドラマチックな入学式にする

　入学式を成功させるには在校生の力が必要不可欠です。２年生は初めての後輩のために、３年生は最上級生として、自覚をもって入学式に臨ませたいものです。在校生の関わり方には次のような内容があります。
□美しく力強い校歌を聞かせる。□毛筆などで案内表示を作って掲示したり祝辞を書いて飾ったりする。□花紙で飾り付けをする。□会場を作る。□新入生に胸花をつける。

　新入生の担任としては、そのようなことをしてくれた在校生がいることを入学式後にしっかりと語りましょう。入学式中には気付かなかった先輩の行動に目を向けることで、先輩への憧憬の念をもつとともに、中学生としての心構えをもつことができるでしょう。中学校は大人になる場所です。目に見えるものだけでなく、見えていない部分に思いを巡らせたり、感謝の意を表現したりする場であることを教え、入学式で大人になるための一歩を踏み出させましょう。

☞ Check List
　□「一日の流れ」プリントで行動を明示するなど、自信をもって入学式に臨ませる工夫をしましたか。
　□中学校が大人になる場であることを知らせることができましたか。

今年のテーマを二字熟語で 表現させ、お互いを 知る時間をつくろう

　2年生の始業式は生徒にとって後輩ができる特別な一日になります。一方で仲のよい友達と別のクラスになってしまった、新たなクラスでやっていけるか不安だ、などという気持ちをもっている生徒も少なくないでしょう。このような複雑な気持ちを、これからの1年間を前向きな気持ちで過ごそうとする動機付けへと変換することが、始業式の日には重要となります。厳粛で清新な気分を味わい、始業式を節目としてこれまでの生活をふりかえり、新たな生活への希望や意欲へとつなげようとする態度を養うことができるよう、担任として仕掛けを考えてみましょう。

今年の自分のテーマを二字熟語で表現する

　始業式の日の学級活動では、前向きな気持ちを喚起し、自己表現する場を作ることが重要です。そこで生徒個人の今年のテーマを二字熟語で表す活動をしてみましょう。漢字一字というアイデアもありますが、抽

象度が高くなってしまうため、二字の方が取り組みやすく効果的です。

　具体的には次のような流れが考えられます。

①　カードを渡し、表にテーマである二字熟語と名前を書く。

②　裏に理由を書く。

③　交流後に模造紙に貼り、学級に掲示する。

　このようにすると、初日から始業式の日の意欲を象徴する掲示物を作ることができます。書かせる前に、そのような掲示を作成して飾ることを告げておくと、生徒は真剣に言葉を選ぶでしょう。一人一人が選んだ言葉をもとに声をかけ励ましたいものです。

二字熟語を紹介し合い、相互理解を深める

　時間があれば、二字熟語を使った自己紹介をさせてみましょう。二字熟語だけでなく、なぜその言葉を選んだのかを説明することで、その生徒が何に興味があって、何を頑張ろうとしているのかを確認することができます。短時間でも構わないので、一人一人紹介し、拍手で称えて温かい雰囲気をつくりましょう。時間がないときは、グループでの紹介だけでも行いましょう。仲のよい友達がいなくて不安がっている生徒にとっては、友達から拍手や笑顔を向けられることで安心感を覚えることができるからです。

　初日にやらなければならないことは多いですが、担任としてはどの生徒にも「このクラスなら1年間安心して頑張れそうだ」と思わせて下校させたいところです。新しい学年での抱負をもとに声をかけ、一人一人を励ましてあげて下さい。

🖎 Check List

□今年のテーマを二字熟語で表させ、新しい生活への希望や意欲をもたせることができましたか。

□互いのテーマを知ることにより、相手への興味を喚起したり、個性を知ろうとしたりする雰囲気を学級に醸成することができましたか。

3年生

始業式－3年生

最上級生としての自覚を高め最後の1年間の見通しを学級で共有させよう

　3年生は中学校の最上級生です。中学校が「大人になる準備をする学校」であることを考えると、3年生は他の学年のモデルとなる存在です。4月の始業式ではまずその自覚を喚起しましょう。また3年生は学級の人間関係の結び付きが最も強くなる時期でもあります。当然学級への期待感も大きくなるでしょう。そんな主体性に満ちている始業式だからこそ、最後の一年間を自分たちの手で作り上げていこうとする意欲を高めたいところです。節目の場で先を見通したり、今までの生活をふりかえったりしながら、新生活への自覚を高めることができるようにしましょう。

学級開きで始業式への心構えをもたせる

　最上級生としての自覚を喚起するためには、始業式に臨む心構えをつくることが大切です。それをつくるのが学級開きです。短い時間で心構えをつくるには、例えば次のような方法があります。

□「最上級生とは、」とだけ印刷してある短冊を人数分用意する。

□短冊を配布し、自分なりの定義を書かせる。

□数人を指名し、全体で考えを共有する。

□担任としての考えを話す。

　多くの生徒は自分なりのイメージをもって登校します。その考えを言葉で表現させ、友達と交流させることで、自覚が高まり始業式に臨む心構えも整っていきます。担任としては、「始業式では数週間前と同じ場所に整列するが、立場は違う。最上級生としてふさわしい振る舞いとは何か」ということに気付かせる話をするとよいでしょう。

「〇組年間カレンダー」を作成し、1年間の見通しをもたせる。

　始業式後に年間カレンダーを作成すると、未来への希望をもって先を見通すことができます。3年生ともなると、自分の学校の年間行事のポイントがどこにあるかを把握しているでしょう。そこで次のような方法で年間カレンダーを作成すると効果的です。

①事前に4月から3月までの月とおおまかな行事を書いた横長の模造紙を用意しておく。

②一人一人に付箋を3枚渡し、書きたい行事や出来事を選ぶ。

③選んだ行事や出来事に対する希望を書き、模造紙に順次貼っていく。

（例）「全員でステージに立って、美しい合唱を響かせたい。」

　　　「苦しくてもクラスで励まし合って受験を乗り越えたい。」

④全員が付箋を貼ったら、互いにコメントを閲覧する。

　いくつかのコメントを紹介したり、生徒にインタビューをしたりして交流することで、学級として、この1年間をどのように過ごしていくか、思いを共有する場になるでしょう。完成したカレンダーは掲示し、折に触れて話題にするとよいでしょう。

☞ Check List

□学級開きや始業式を通して、最上級生としての自覚を高めさせることができましたか。

□1年間の見通しや新生活への希望をもたせることができましたか。

3
スタートダッシュ の1週間

1年間の学級経営を行っていく上で、4月の最初の1週間はとても重要です。生徒との良好な人間関係をつくっていく契機となるだけでなく、担当する学年に応じた取組をスタートする時期になります。

中学校生活への安心感を与える1年生、具体的な目標を設定する2年生、最上級生としての誇りと責任をもたせる3年生など、発達段階に応じた指導を心がけましょう。

1 年生 生徒の緊張を和らげ安心感を 与える

学級経営のビジョンを担任が具体的に語ることで、生徒に「このクラスならやっていける」という安心感をもたせましょう。意識して全体とコミュニケーションを図ることも大切です。

準備すること

ふりかえり

2年生 自己分析から、実現可能で具体的な目標を立てさせる

「できていること、いないこと」などの自己分析を踏まえて、生徒に本年度の目標を立てさせましょう。また、課題を抱えた生徒には、学年の教職員とも連携しながら、必要な手立てを早めに講じましょう。

前年度からの申し送り

ふりかえり

3年生 最上級生としての意識をもたせる

新入生との関わりなど年度当初の取組の中で、生徒の活躍をしっかりと確認し、最上級生としての誇りと責任感をもたせましょう。また、意欲の高まりを捉え、進路選択の取組をスタートさせましょう。

前年度からの申し送り

ふりかえり

「このクラスならやっていける」という安心感を生徒にもたせよう

　「中1ギャップ」という言葉があるように、入学直後の1年生の生徒は、環境の変化に不安を抱えながら学校生活を送っています。この時期の学級経営で大切なのは、生徒が「このクラスであれば、安心して学校生活を送ることができる」と感じられるようにすることです。

　大切なのは、学級経営のビジョンを具体的に語りながらも、一人一人の生徒理解を進め、形成されていく生徒同士の人間関係を的確に把握することです。学級の中に、信頼できる大人として担任の教師がいて、自分がクラスの一員としての誇りがもてる。素敵なクラスの一員として学級に所属できる喜びを生徒に与え、安心感をもたせる指導を心がけましょう。

担任する生徒全員とコミュニケーションを取る

　入学式後の約1週間は、中学校生活のオリエンテーションが行われます。1年生の生徒は、中学校生活のルールやきまりなどについて、一つ一つ学んでいきます。教科担任制による授業も始まります。1年生の担任は、一連のプログラムの準備と実施に忙殺されるでしょう。

　そのような忙しい中ですが、忘れてはならないのが「担任する生徒全員と、日々のコミュニケーションをしっかりと図れているか」という視点です。自分から教師に歩み寄ってくる生徒もいれば、教師と距離を取っている生徒もいます。ともすれば、教師が一部の生徒としかコミュニケーションを図っていない状況にもなりかねません。ですから、教師は、意識して学級全員の生徒とコミュニケーションを取る必要があります。オリエンテーションの隙間時間や昼食時間、休み時間などを有効に活用して、生徒と会話してみましょう。言葉を交わすことで、生徒理解を進めることができます。

「このクラスならやっていける」という安心感を生徒にもたせる

　学級開き直後に大切なのは、「このクラスならやっていける」という安心感を生徒にもたせることです。この時期に大切なのは、学級全体の目指すべき方向を「学級全員が理解できる言葉」で伝えることです。

　このように、緊張感を取り除いて楽しく生活できるように促すとともに、時には、「いけないことはいけない」と毅然とした態度で、学級のルールを生徒に理解させましょう。その際、一貫した基準をもって指導に当たることが重要です。教師の指導が場当たり的なものになると、生徒は何を拠り所にしてよいか分からなくなります。生徒の信頼感を構築するためにも「ぶれない」指導を心がけましょう。

☛ Check List
- □ クラス全員の生徒とコミュニケーションを図るように努めていますか。
- □ 生徒に安心感を与えるために、「ぶれない」指導を心がけていますか。

生徒自身に
自己分析をさせ
目標を明確にさせよう

　２年生に進級した生徒たちは、中学校での生活や行事などを具体的に
イメージできるようになっています。担任の教師は、各種行事を通して、
どのように成長してほしいかについて語ることが多くなるでしょう。し
かし、抽象的な言葉では、生徒は「何をどうしてよいのか」を理解する
のに時間がかかります。

　何事も、「できないこと」が「できる」ようになるためには、「できる
ことから始める」しかありません。生徒自身に自己分析をさせた上で、
本年度の目標を立てさせるなどの工夫をしましょう。また、課題のある
生徒に対しては、学年の教職員や養護教諭と連携しながら、早い段階で
手立てを講じることが大切です。

本年度に目指す自分の姿を具体的にイメージさせる

　年度当初の学級経営では、「本年度の目標」を立てる活動が行われます。生徒が目標を立てる際の指導として大切なのは、「昨年の課題を克服することを目指しているか」という視点です。

　目標は、日々の生活の中で意識することで、はじめて意味をもちます。そのためには、自分自身を成長させる、実現可能な目標を立てる必要があります。

　目標を立てる際には、──「できていること」と「できていないこと」を紙に書き出すなどして明確に意識させるとよいでしょう。そして、「できていること」を続ければどのように成長できるのか、「できていないこと」はどうすれば克服できるのかを考えさせるようにします。自分自身の課題を克服するために何が必要なのかに目を向けることは、年間を通して何度もふりかえることができる目標をもつことにつながります。

課題のある生徒への取組の一手を打つ

　中学校生活を1年間終え、生徒の中には、大きな課題を抱えている生徒もいることでしょう。また、教師との相性が必ずしもよいとは言えない生徒もいるでしょう。

　このような生徒に対しては、早めに手立てを打つことが必要です。担任の教師が一人で何かをするのではなく、学年の教職員や養護教諭と連携を図りながら、新学期の早い段階で生徒との面談を実施したり、複数の教師で家庭訪問をしたりするなどが考えられます。その際、友達との人間関係がどのようになっているかなどの情報を収集しておくことが大切です。深刻な状況の場合は、外部の関係機関とも連携しながら、様々なケースを想定した方策を考えておきます。

✒ Check List

- □ 自己分析を経た上で、具体的な本年度の目標を立てさせることができましたか。
- □ 課題のある生徒に対しては、早めに手立てを講じましたか。

新入生との関わりや 進路選択のスタートから最上 級生としての意識を育てよう

　3年生に進級した生徒は、中学校の最上級生として、様々な行事の運営を中心となって行っていきます。最上級生としての意識をもたせるのは、運動会や文化祭などの大きな行事だけではありません。年度当初の様々な機会を捉えて指導していくことが重要です。係活動や委員会活動などでの最上級生としての活躍を、朝の会や帰りの会などで具体的に取り上げて評価し、全体の意識を向上させましょう。

　また、新学期のはじめは、進路選択について、生徒一人一人がどのような考えをもっているのかを把握することも重要です。面談の機会をつくり、それぞれの進路の実現へ向けた指導をスタートしましょう。

最高学年としての誇りと責任をもたせるための支援を

　新学期には、新入生に中学校のルールを説明するために、3年生の生徒が活躍する場面がいくつもあります。給食指導や掃除の指導、委員会活動、部活動紹介などがそれに当たります。

　これら一つ一つの場面で、最高学年としての意識を涵養していくことが大切です。朝の会や帰りの会、学級通信などで、生徒の活躍を具体的に取り上げ、友達に紹介してみましょう。生徒の頑張りを認める場面を積み重ねることが、「次の行事では、○○に取り組んでみよう」という意識を高めていくことにつながります。

進路選択の取組をスタートさせる

　3年生の生徒にとって、大きな関心は進路選択です。ほとんどの生徒が、自分で自分の進路を決定していくという人生で初めての経験をします。進路指導は、キャリア教育の中で、学校教育活動全体を通して行っていくものですが、学級経営がその「核」になることは間違いありません。

　新学期の早い段階で生徒との面談を行い、生徒が進路選択についてどのような考えをもっているのかを把握しましょう。この時期多くの生徒は、「1、2年生のときにもっと頑張っておけばよかった」という思いをもっています。教師は、生徒のそのような意識をチャンスに変えて、「進路実現に向けて、ここから精一杯取り組む」という決意に変えていく支援が求められます。

　何事に対しても意欲が高まっている新学期という時期に、具体的な手立てを示し、見通しをもった学習をスタートさせることが大切です。

▶ Check List
- □ 新学期の取組での生徒の活躍を具体的に取り上げて、生徒の頑張りを認めていますか。
- □ 新学期の早い段階で、生徒との面談を行い、一人一人の生徒の進路選択についての考えを把握しましたか。

4

4月中に
やるべきこと

4月は気分が高揚し、新しいことにチャレンジしようと素直に思える時期です。新たな集団での生活が始まり、人間関係が変化し、生徒の可能性が引き出されやすくなります。

一方、この変化の中で生徒は不安も感じています。そのため、早いうちに年間の見通しをもたせることが大切です。見通しをもてれば、不安にも対処しやすくなります。

1年生 学級を安定させ 意味のある集団にしていく

中学校入学は新たな人間関係を築く最大のチャンスです。4月中に学級組織を安定させ、生徒の不安を取り除きましょう。また、学習環境の整備や、学習習慣を定着させる手立ても早めに講じましょう。

準備すること	ふりかえり

2年生 1年間の学びを見渡し、意欲を高める

中学校生活に慣れ、自分のペースも把握できるようになった2年生だからこそ、これからの1年間の学習に見通しをもつことができます。進路の選択や自己ベストの更新を意識させましょう。

前年度からの申し送り

ふりかえり

3年生 ゴールを見通すカウントダウン・カレンダーをつくる

日めくりの形で進路関連の予定を分担して書き、みんなへのメッセージを書き添えて掲示します。見通しをもたせるとともに、学級への帰属意識も高めましょう。

前年度からの申し送り

ふりかえり

偶然できた集団を
意味のある集団にしていこう

　進学や進級に伴い、仲よくなったら別れるのが、学校でのグループや学級です。どうして別れるのでしょうか。それは、様々な他者との出会いの中で、自分の知らない新たな自分が引き出されるからです。それゆえ、人間関係が固定的になるたびメンバーを入れ替えるのです。

　だから学校では通常「好きな者同士」の集団編成は認められず、席替え、班替えを頻繁に行います。

　4月当初の学級集団も、不安定で流動的な集団です。3月末に解散するとき、この集団に何らかの意味を見いだすことができれば、それは1年間で立派に成長したことの証です。

学級組織は早期に立ち上げる

　係や当番などの学級組織は、早期に立ち上げましょう。時間があくと、不安定な組織状態が固定化し定着してしまいます。スタートダッシュが肝心です。原案はしっかり練りながらも、生徒と相談しながら、1学期の学級組織をスピーディに整えていきましょう。

ボランティアを活用する

　とはいえ、係が決まらないときもあるでしょう。そんなときは、積極的にボランティアを募ってみることをすすめます。

　「これを配れば『いただきます』ができるのだけどなあ」「プリントが大量にあるので、手伝ってくれませんか」と、生徒に手助けを求めてみましょう。人間関係が不安定なこの時期こそチャンスです。

　誰がよく動いてくれるのか、リーダー性のある生徒、また引っ込み思案の生徒の様子もつかめます。生徒との会話のきっかけや、家庭訪問で伝える情報源にもなります。互いによく知らない生徒たちにとっても、役割分担を相談する際の参考にできます。

学習環境と学習習慣を整える

　後回しにされがちですが忘れてならないのは、椅子・机の高さ調整や視力の確認です。中学生の体格差は大きく、身長に合わせた高さにすることはとても大切です。眼鏡をかけず全然見えていないのに席が後ろのままの生徒がいないように確認しましょう。組織決めにも影響するので、こうした確認は先に済ませるのがベストです。

　また、家庭学習への指導も抜け落ちがちです。中学校では定期テスト等を単位に中長期的な課題が出て、生徒が日々の割り振りと遂行を自分で管理することになります。早期の習慣化が大事です。

☞ Check List
　☐生徒と相談する余地を残しつつ、学級担任としての学級組織の原案を、入学式当日までに用意しましたか。
　☐学習環境の整備が4月中に実行できましたか。

1年間の学びを見渡し、自分なりの目標を立てさせよう

　「中だるみ」ともいわれる2年生の時期ですが、この時期は最も中学生らしく充実させることができる時期とも言えます。部活動でも行事でも学校の中心となり、活躍できる時期でもあります。

　1年間過ごしてきた経験があるからこそ、2年生の4月には、1年間の学びを見渡し、目標、課題、ペース配分について、生徒と対話しながら考えたいところです。

　たとえば1枚の模造紙に、学級全員で、この学級の1年間の予想図を書き込んでみてはどうでしょうか。その上で、各生徒にも年間の計画表を配り、自分の年間計画を立てさせ、発表し合うとよいでしょう。

新しい挑戦を一つもつ

　２年生だからこそ、１年生での１年間の経験を踏まえ、新たな挑戦を一つもつことをすすめるとよいでしょう。

　それを宣言させたり書かせたり、あるいは胸の中にあえて留めさせておいてもよいでしょう。全員に発表を強いる必要はありません。

　「何でもいい。何か一つ挑戦したいことをもち、どうだったかを３月にふりかえられるといいね」という緩やかな呼びかけで留めるくらいが、背伸びしたい２年生の新鮮な気分には合う気がします。

夏までの期間が、進路を見据え、復習するチャンス

　進路決定を控え、３年生の夏になってから学校説明会（オープンキャンパス）で高校見学などに行くよりは、２年生のうちに行くことをすすめましょう。「まだ先」と思うと中だるみも起きます。「先だけど考えてみよう」「行ってみたら学びたくなってきた」という好循環をつくる後押しを早めにするとよいでしょう。

　また学習面でも、３年生になってから復習を開始するよりは、すでにつまずいている点に関して夏休みまでの期間に復習に着手しておくと、後々の学びやすさが大きく変わってくることを伝え、生徒自身の自発性を引き出しましょう。

平均点より「自己ベスト」を目指す

　生徒も保護者も、テストなどの「平均点」を気にしだすときでもあります。ただ、平均値を上回っても中央値に届かないことは多く、「平均に勝った」という言い方自体ナンセンスです。勝つならば「自分に克つ」、日々の自己ベスト更新こそが大切です。そういう話を４月から繰り返し、目標設定を誤らないよう導くと、学級集団もよい雰囲気に包まれます。

☛ Check List

□ 高校など主要な進路先を紹介するコーナーを、教室の内外に用意できましたか。

□ 平均点でなく自己ベスト更新を促す指導ができましたか。

ゴールを見通す
カウントダウン・カレンダー
で学級の一体感を演出しよう

　義務教育最終学年を迎え、3年生は、なんとも言えない高揚感と、少しの緊張に包まれていることでしょう。中学校生活には慣れているはずでも、新学級でこれから始まる最後の1年に、漠然とした不安を抱える生徒もいることでしょう。

　3年生になって初めて経験する行事や活動は、思いのほかたくさんあるものです。それらの概要と、その年間のスケジュールを生徒と共有することが、3年生では特に重要になってきます。

　主体的な行動を生徒に求めるのであれば、まずは見通しを共有することです。それは保護者にも当てはまることです。保護者の方々にも丁寧に、詳細に、年間計画を伝えましょう。

早めに進路関連予定を案内する

　この時期、生徒や保護者のもとには、進路に関する様々な企業広告や、ご近所や先輩の経験談、なかにはうわさ話まで届きます。その際、手元に信頼できる情報がないと、動揺してしまいがちです。

　生徒も保護者も、先が見通せないことが不安なのです。だからこの時期、教師は詳しい情報提供をすることが大切です。進路決定に関する情報は特に、早めの案内を心がけたいものです。

卒業へのカウントダウン・カレンダーをつくる

　4月の早いうちに、皆で学級用の日めくりカレンダーをつくるとよいでしょう。主な行事、卒業まで残り何日、自分からみんなへの一言をマーカーペンで大書し、綴るのです。

　一言は、今日の格言として、たとえば朝の会で皆で唱和するなどすると、その生徒の言葉が今日一日の皆の話題となります。そういう温かく、かつ皆で一丸となって取り組んでいるという雰囲気が大切です。

受験は団体戦！

　早ければ冬の入口から、次の進路先が内々に決まっていきます。そうすると、学級の雰囲気も次第に変わっていきます。だからこそ、「受験は団体戦」、「受験は全員リレー」という話を4月のうちから少しずつ説いておくことが大切です。

　たとえば体育祭のリレーでは、自分の出番を走り終えても、みんな必死にバトンの行方を目で追い、アンカーがゴールするまで声を振り絞って応援します。最後の一人が決まるまで皆で走るぞと、折に触れて4月のうちから話をしておくのです。生徒は神妙な顔で聞くことでしょう。最初にそういった話をすると、学級に安心感が充ちてきます。

☞ Check List
- □ 進路関連の年間予定を、年度初めのうちに生徒にも保護者にも伝えることができましたか。
- □ 学級全員で助け合いながら1年を乗り越える機運を高められましたか。

5

家庭学習

家庭学習は自ら学ぶ気力と習慣が全てです。各教科内容の指導は教科担当の責任ですが、学習意欲は学級担任によるところが大きく、その指導次第でクラスに前向きな空気が醸成され、全体的に成績も向上します。一人一人の生活や性格に合わせ、タイミングよく意欲をかきたて、適切に振り返らせながら、自ら学ぶ素地を養いましょう。家庭で机に向かう我が子を目にすれば、保護者も安心します。

1 年生 マイルールを決めさせ、学習習慣を付ける

それぞれの生活に合わせて、学習のスタイルとルールを決め、短時間でも机に向かい、予習や復習を中心に学習習慣を確立させましょう。保護者と連携しながら、根気よく励ましたり、助言したりします。

準備すること	ふりかえり

2
年生

生徒ごとに学習方法を確立させる

学級で教科ごとの具体的な学習方法に関するアイディアを紹介し合い、その中から、自分にとって効果的な学習方法を試し、確立させましょう。

前年度からの申し送り

ふりかえり

3
年生

家庭学習のPDCAに寄り添う

部活動引退後の時間の使い方を工夫させましょう。帰宅後、夕食後、登校前など家庭時間をブロックにして計画を立てます。休憩を入れることも効果的に学習を進めるポイントです。

前年度からの申し送り

ふりかえり

無理のないマイルールを決めさせ、学習習慣を確立させよう

　小学校では、毎日一定量の宿題が一人の担任から出されるため、自分で学習内容を考えて取り組む必要性があまりありませんでした。ところが中学校は、教科担任制です。課題提出の期限が長く設定されていたり、慣れない部活動に疲れたりして、気付けば家庭では学習しないことが増えてしまうケースも見られます。

　そうならないよう、1年生の前半には、学習内容の理解もさることながら、机に向かう習慣を身に付けさせたいものです。短時間でもかまわないので毎日続けさせることが重要です。家庭学習がルーティン化できれば、1年生としては大成功です。今後の学校生活の自信にもなります。

　家庭学習を習慣化させるためには「型」を確立させることが大切です。そこで、新学期当初に「マイルール」を各自で考えて取り組ませ、その後、学級で、実行状況や効果的な学習方法を語り合いましょう。

マイルールの観点

①どこでするか。
　自分の部屋、リビング、図書館（閉館時刻による）など。
②いつするか。
　帰宅後すぐ、夕食後から入浴までの間、朝食前など。
③どれだけするか。
　1年生1時間、2年生2時間、3年生3時間を目安に個に応じて行う。厳しい
日は10分間行う。
④どんな服装でするか。
　制服のまま、私服で、パジャマでなど。
⑤何をするか。
　数学と英語を中心に行う。
⑥何からするか。
　得意教科の復習から、熟語や英単語を五つ覚えることから、
　音読から、計算問題からなど。
⑦誘惑（スマホやコミック等）をどうするか。
　勉強する部屋以外の場所を定位置に、家族に預けるなど。
⑧どのようにして集中するか。
　タイマーの設定、飲食禁止、BGM、耳栓をする、トイレや洗顔をすませる、
　ストレッチ、香りのスプレー、など。
⑨できたら何をするか。
　録画したドラマを見る、ゲームを1時間するなど。
⑩特別な日はどうするか。
　部活動や習い事の有無に合わせた変則的スタイルを用意しておくなど。

懇談会の話題にして、保護者とともに支える

　まずは一定期間続け、時々自己評価の機会を設け、うまくいかない場合には原因を考えて修正させます。担任は保護者と連携し、一人一人の弱い気持ちに寄り添いながら、スタイルが確立するまで、根気よく励ましたり助言したりします。

▶ Check List
□家庭で毎日机に向かうよう指導しましたか。
□生徒に自分で決めたマイルールを実行する声かけをしていますか。
□保護者との共通理解のもとで生徒にマイルールを実行させていますか。

アイディアを紹介し合いながら、自分なりの学習方法を確立させよう

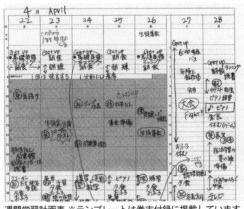

週間学習計画表 ※テンプレートは巻末付録に掲載しています。

　1学年で型が身に付いたら2学年では内容を充実させます。忙しい学校生活の中で、睡眠時間を減らさずにいかに充実させるかが大事です。効率よく成果の出せる学習方法を模索しながら自分でその方法を確立させるような活動を計画しましょう。

　例えば、1年生で机に座る習慣がついていたとしても、教科書やノートを目で追うだけだったり、成果が出ないのに時間だけ費やしたりしている場合もあります。教科担任は、その教科独自の学習方法を指導します。学級担任は、学級内で生徒同士が効果的な学習方法を紹介し合う場を設けるとよいでしょう。こうした活動は仲間意識も育つため、学級全体の学習への士気を高めることにつながります。

　学習方法に唯一無二はなく、結局は自分に合う方法を自分で工夫していくしかありません。そのためにも多様な方法を知らせることが重要です。

学習方法を紹介し合う機会を設ける

　「こんな方法で勉強しています」と互いに学習方法の工夫を紹介する時間を設けます。例えば、「英単語の覚え方」だけを取り上げてもその方法はいろいろです。ひたすら書いて覚える、声に出して覚える、ユニークな覚え方を考え出して関連付けて覚えるなど様々でしょう。「社会科の重要用語にアンダーラインを引く」方法にしても、地名と人名と出来事で色を変える方法、1回目は黄色で、忘れてしまったら2回目は黄緑で、それでもだめなら3回目はピンクでなど色を変えていく方法、曖昧な部分には必ず波線を引いておく方法などが考えられます。理科の生物分野などでは、因果関係を図解することで事柄が整理されることがあるでしょうし、数学の問題演習では、ページを分割したり余白を生かしたりして、解法ポイントや自分のミスを目立たせる工夫もできるでしょう。

　学習係等が教室に「教えます！学習方法」のコーナーを設け、写真や実物を掲示するのも効果的です。また、担任の中学校や高等学校時代の教科書やノート、問題集などを披露するのも一案です。生徒はとても興味をもちます。きっと試してみたくなるに違いありません。

試しながら自分に合う方法を確立させる

　取組がユニークでも自分に合っているかどうかはやってみないと分かりません。性格や家庭での習慣とのマッチングもあるでしょう。いずれにしても手ごたえのあるものは一定期間続けてみることが大切です。その上でふりかえらせましょう。他方で、誰にとっても一定の効果があるという方法もあるはずです。なぜよいのか担任が補足説明をしたり、取り組んでみた生徒に手ごたえを語らせたりしてもよいでしょう。紹介した生徒も満足しますし、その学習方法は共有財産になり、学級の連帯感も高まります。

▶ Check List

☐ 学習方法の紹介活動や掲示コーナーで意欲を喚気していますか。

☐ 生徒が試行錯誤しながら自分に合う方法を確立していますか。

☐ 一人一人の学習方法の工夫が実際の学習成果に結び付いているか確認していますか。

PDCAの視点で
家庭学習を充実させよう

《 前期中間考査にむけての学習計画表 》

定期テスト学習計画表　　　　　　　　　　　※テンプレートは巻末付録に掲載しています。

　3年生になっていよいよ充実期に入り、生徒は理想の実現など自分に完成形を求めます。とは言うものの、中学時代は人生のスタートを切ったばかりです。担任は、まだ成長過程にあるのだという広い視点で生徒を見守りましょう。これは、気負いすぎの保護者にも機を捉えて丁寧に伝えたいものです。

　日頃の努力が目に見えるかたちになって本人に返ってくるには一定時間を要するでしょう。先を見据えた計画・実行・ふりかえりを繰り返す中で、焦らず休まず今を充実させる心構えをもたせましょう。

　学庭学習においても、進路決定や部活動の引退から逆算して年間計画を立てることが有効です。家庭での具体的な時間の使い方や気持ちのもち方を語り合う機会を学級で設定することも大切です。

広く長い目で家庭学習の「PDCA」をさせる

　4月に改めて家庭学習の計画の立て方を指導します。まず黒板の横幅

を「人生のものさし」にして、今から過ごす一年間がどこに当たるか、どれぐらいの期間なのかを自覚させます。その上で今年度一年間を拡大したものさしの中に約50週あることを知らせます。年間行事なども大まかに位置付けます。

　特に、部活の引退後は、自分の持ち時間を見える化して、月プラン・週プラン・日プランを立てます。計画を書き込むフレームはビジネス手帳を参考にします。バーチカルタイプは一週間と一日が同時に見えます。月曜始まり24時間タイプにすれば睡眠時間の確保や適切な休息時間の設定ができます。また、休日の自分へのご褒美を設定させるとやる気が出ます。家庭学習表には、実行の跡を残したり変更を書き入れたりさせます。1週間ごとに一言振り返らせ、担任はチェックして指導に生かします。

計画どおりにできなかったときこそ担任の出番

　友達との比較で不安を募らせないよう、個人内評価に徹し、取組を温かく見守り励まします。時には、こうしてみようと具体的な行動レベルで助言することも必要です。

　計画どおりいかないのは当然です。計画することの意義はその実行だけでなく、それまでをリセットして目標に向かって自身を鼓舞することにあります。キーワードは「では、どうするか」です。生徒は学力を「学んだ（結果としての）力」だと思い込んでいますが、「学んでいく力」、「学ぼうとする力」を含むこと、実は後者がとても重要であることを伝えます。焦りがちな生徒にも怠けがちな生徒にも必要な視点です。焦りがちな生徒には、できなかった分を取り返せという追い込みではなく、リセットして前を向く勇気を教えましょう。また、折に触れ、学級全体になぜ勉強が大切か、学ぶ意義を語ることも大切です。生徒の現状を把握している担任だからこそ、の言葉は生徒の心にしっかりと届くでしょう。

☛ Check List
□生徒が先や全体を見据えて自分の現在を捉えられるよう指導できましたか。
□一人一人の計画の遂行状況やそれに対する心理状況を把握して、必要な助言ができていますか。

6

係・委員会活動

　生徒会活動は特別活動の一つです。その一部である係・委員会活動には、異年齢集団を経験するという側面があります。
　異年齢集団は一般的に、多様な発達段階や経験をもつ生徒が関わり合う中で、よいモデルに出会い、模倣を通して望ましい行動を獲得していく場として機能します。そのような場では、教師は望ましいリーダーの動きを具体的にコーチする存在として振る舞うのが効果的です。

1年生 一人一役＋αの意識をもたせる

「一人一役」の役割分担に加え、カバーし合い感謝し合う人間関係を育みましょう。教師の指示ではなく、自分で考え、動けるようにすることが理想です。

準備すること	ふりかえり

2年生 フォロワーも大事な仕事

リーダーは、フォロワーから支持を得ることで活躍できます。できるだけ多くの生徒にリーダーを経験させ、互いの立場を知る経験をさせることで、リーダーもフォロワーも同時に育てましょう。

前年度からの申し送り

ふりかえり

3年生 定期会合で活性化させる

係・委員会の活動は、短時間でもよいので定期的に集まることを基本とさせましょう。些細な問題や情報も取り上げることができ、風通しのよくなった組織は、日常の活動を活性化させることができます。

前年度からの申し送り

ふりかえり

一人一役＋αの意識を
もたせよう

　「一人一役」、「全員で分担」とは、よく言われることです。しかしこれは、ともすると「自分の役だけ果たしていればよい」「あの仕事がうまくいかないのは、担当するあの人が熱心にやらないからだ」というような考えを招きがちです。

　例えば、野球やバレーボールの守備に喩えるとよく分かります。センターがライトのミスをなじっているようなチームでは、勝てるはずがありません。

　「一人一役」は、プラスαの「カバーし合い感謝し合う関係」があって初めてうまく機能します。

　中学校では、1年生時にその意識を生徒にもたせましょう。

「自分に何ができるか」を考える習慣をもつ

　一人一役で仕事を分担すると、人によって早い遅いが生まれます。係や委員会の活動中、早く終わった生徒が出てきてひと休みさせたその後に、生徒の様子を見つつ「さあ、手伝えることはあるかな？」と声をかけることは、大事なことです。

　このとき、「○○をしなさい」と指示するのでなく、自発的に自ら考え動くように導くことが重要です。教師が指示すれば、指示内容をこなすだけになり、プラスαの意識は育ちません。

　仕事に波があり、担当によって早い遅いが生まれることが最初から予想できる場合は、「早く終わった人はどうすればいいと思いますか」と、活動前に少し考えさせるだけでも、生徒の動きは大きく変わってきます。

「御礼の一言」が飛び交うチームをつくる

　自発的に動く生徒が出てきたら、それを認め大いに励ましましょう。そのとき、本来の担当者がその生徒に「ありがとう」とお礼を言うことも、とても大切です。お礼の一言があれば、次も手伝おうという気持ちになります。そうやって、組織はカバーし合うものだという体験を、1年生の記憶の中に残すようにしておくことが、のちに重要になります。

安易な「推薦」にはブレーキを

　自薦、他薦で役割を決める際、人の名を安易に推薦させることについては、慎重な対応が必要です。そこに「いじり」、「いじめ」が潜んでいる場合があるからです。怖いのは、当人も周囲も表面的には笑顔で隠すので、気付きにくい点です。名の挙がった各候補者には別室等で本人の意向を確認し、辞退の申し出には柔軟に対応する必要があります。

☞ Check List

- ☐ 自分の分担をこなすだけでなく、プラスαの意識を生徒がもてるよう働きかけましたか。
- ☐ 学級委員などの選考方法について、起こり得るケースとそれへの対策を、学級開きまでに検討できましたか。

リーダーとフォロワーの両方を育てよう

　係や委員会活動でリーダーを育てることは、大切な教育活動です。リーダーの役割を果たすことで芽生える責任感や自律心には、今後の生徒を支える大きな自信につながります。しかし、実は大切なのは、リーダーと同時にリーダー以外のメンバーである「フォロワー」を育てておくことなのです。

　フォロワーのつかないリーダーは何の影響力も発揮できません。SNS等では、それはリーダーの努力次第ということになりますが、係や委員会活動ではむしろ、その人にリーダーを委ねたフォロワー側の問題でもあるという意識を、生徒にもたせましょう。

リーダーの一言を聞き逃さない集団をつくる

　係や委員会活動は、一部のリーダーのみを育てる場ではありません。リーダーを交代して務め、民主的な組織の運営方法を皆が身をもって経験するのが、本来の役割です。

　したがって、いろいろな生徒にリーダーを務める機会がめぐってくることが、より望ましいでしょう。その結果、生徒によっては声が小さかったり、間を上手にとれなかったり、段取りよく話せなかったりということもあります。しかし、そこを補うのが、フォロワーの役目です。同じ立場の生徒が役目としてリーダーを務めていることを理解し、リーダーに従い補助する責任がフォロワー側にはあるのです。

　その際、教師は、ただ見守るだけではいけません。適切に介入し、フォロワーが育つよう必要な指導を加えるべきです。

自分もリーダーのつもりで発言させる

　リーダーの経験を全員が均等に経験することは困難です。そこで、会議や打ち合わせでは、もしリーダーならここで何と言うかを想像して発言するよう、フォロワーたちに求めてはどうでしょうか。会議等が建設的に進む効果もあります。

「半年後カレンダー」を活用する

　見通しをもった活動をしていくために、委員会の部屋や教室に半年先までのカレンダーを常に掲示しておくのは、一つのよいアイディアです。

　係や委員会は月単位で活動するのが通例ですが、前例を大きく見直し、活動を刷新するには、場合によっては3か月前に担当教師に相談する必要も出てきます。そこでリーダーたちに、生徒会が本気で学校を動かしたければ、6か月前から案を練るよう呼びかけるのです。すると、生徒が提案する雰囲気が生まれます。

☞ Check List
　□ リーダーとフォロワーの関係を、生徒に分かりやすく伝え、考えさせることができましたか。

3年生

係・委員会活動ー3年生

定期的に会合をもたせることで活動を活性化させよう

　係や委員会の活動のスタイルは各学校様々あるでしょう。しかし、よく耳にするのは「行事のときはよいが、日常活動が停滞気味になってしまう」という言葉です。

　もし日常活動が停滞気味であれば、その原因は諸々考えられますが、最大の要因は、会合を定期的に開かないことにあります。

　「今月は話し合うことがないので、会合はなしにしていいですか?」と生徒や、場合によっては教師でさえそう言うことがありますが、その発想は間違っています。「話し合うことがないから集まらない」のではいけません。「集まるから話し合う」のです。

　日常活動の活性化は、会合の定例化が鍵を握ります。

◆5分でいいから、定期的に会合を開く

　係や委員会活動では、まずは全員が顔を合わせ、情報を共有すること
が大事です。その習慣化の中から、組織が育ちます。

　例えば、「先週○○が止まっていました」、「昼休みの○○が●●と重な
りうまくいっていません」などの活動の停滞や干渉など、組織にとって
マイナスの情報がボトムアップで上がってくるのは、会合を定例化して
いる組織だからこそです。「話し合うことがないから集まらない」のでは、
こうした情報は行き場をなくし、日常活動の停滞に、即つながっていき
ます。

◆レジュメと文具は開会前に用意させておく

　効率のよい会合を行うには、リーダーの準備が重要です。会議要項（レ
ジュメ。箇条書きのメモでよい）を、リーダーが用意し配付することは、
会合にとって重要なことです。会合で話合いや作業をするとき、必要な
文具も（画用紙、フェルトペン、付箋など）、リーダーが会合前に準備し
ておきます。円滑な運営に重要なことです。

　そうやって、20分以上かかっていた会合が10分で済むような流れが生
まれると、一層定期的に会合をもつことができるようになります。

◆開始は1分でも遅らせない

　定刻には必ず会合を始めるよう、リーダーにもフォロワーにも厳しく
求めましょう。1分間の遅れは、延べ作業時間総量では、1分かける人
数分の延べ時間の損失になるのだということを、生徒に話しておくとよ
いでしょう。どうせ開会も遅れる、という雰囲気ができてしまうと、定
刻に始めることがだんだん不可能になってしまいます。

▶ Check List
　□会合が定例化するよう、委員長を指導するとともに、年間計画の中
　　に定例会合の開催日を確保することができていますか。
　□リーダーに、会合の定例化と準備の心得を伝えていますか。

7

給食指導／清掃指導

給食も清掃も学校生活の基本となる当番活動です。どちらも生徒任せにしていい活動ではありません。

給食は生徒にとって楽しい時間であるとともに、昼食を食べる時間です。しっかり時間を確保することが大切です。

また、「教室を見れば、担任の学級経営が分かる」と言われることがあります。生徒が多くの時間を過ごす教室の環境を整える清掃はとても大切です。

1年生 担任が率先して取り組み、時間内に完了させる

まず、中学校の給食や清掃のルールをしっかり身に付けましょう。担任が率先して声をかけ、時間内に完了するために、学級全員で協力するという意識を育みましょう。

準備すること

ふりかえり

2年生 当番活動のルールを自分たちで考えさせる

1年生で身に付いたルールや活動の方法を、学級やグループの中でもう一度見直し、よりよいものにしていきましょう。自分たちの生活を自分たちで改善していくという自信と自立につながります。

前年度からの申し送り

ふりかえり

3年生 活動の意義やよさを確認させる

当番活動の意義や工夫を、委員会活動などを通して後輩に伝えていきましょう。卒業が近付いたら、給食に携わる方や、事務の先生など自分たちの学校生活を支えてくれたことに感謝する機会をもちましょう。

前年度からの申し送り

ふりかえり

担任が率先し、時間内に
終了するための手立てを
講じよう

　学級を運営していく上で、班の活動や当番活動はとても重要なものです。うまくいっていない学級では「班の中の人間関係がこじれる」「当番活動が投げやりになる」といったことが起こります。1年生の時期の当番活動は、まずは中学校のルールをしっかり覚え、給食や清掃がスムーズに行われるよう、担任が手をかけ目をかける必要があります。

　給食にもいくつか目標があります。担任として留意したいのが「給食を通して明るく楽しい学級をつくる」「奉仕と協力、感謝の気持ちを養う」「正しい食習慣を身に付ける」などです。

　清掃も同じように、清掃を通して生徒にできるようになってほしいことや気付いてほしいことは何かを考えて指導を行いましょう。

給食は時間の厳守と意識付けの徹底

　一般的に給食の時間は、小学校より中学校の方が短くなります。加えて、中学校のやり方に慣れるまでは、準備にも片付けにも時間がかかります。食べる時間が短くなると「まだ食べ終わっていないのに、片付けられた」といった話になりかねません。昼休みを使って係や委員会活動などが組まれていることもあるため、給食の後の昼休みは、きちんと確保すべきです。

　そこで、学級全体で給食をスムーズに行うために、二つの手立てを挙げたいと思います。一つ目は、視覚に訴えるものを準備することです。配膳の仕方や片付け方を図示することは、生徒の自主的な活動を促すことにもなりますし、曖昧な指示を苦手とする生徒も活動がイメージしやすくなります。二つ目は、担任が率先して動くことです。授業が終わったらすぐに教室に入り、生徒が配膳しやすいように段取りをします。教室の中の交通整理をすることも必要です。「準備や片付けが速やかに行われるために、全員が力を尽くすこと」を徹底し、食べる時間を確保し、片付けが昼休みに食い込まないために様々な手段を講じましょう。

清掃も始めが肝心

　教室はいつもきれいでありたいものです。清掃も基本的には時間内にきちんと終わらせることを徹底しましょう。その中で、担当する清掃場所をいかに効率的にきれいにするかを生徒に考えさせることが大切です。清掃を好む生徒は少ないです。だからこそしっかりやらせることが大切です。また、教室以外の清掃を学級の生徒が担当することも多いです。担任としてその様子も適宜観察したり、担当の先生に様子を聞いたりすることも大切です。

➡ Check List

□給食準備が始まる時間、「いただきます」の時間が守られていますか。

□全員で給食の準備をするという意識は徹底されていますか。

□掃除をさぼったりいいかげんに行っている生徒に声をかけてしっかり取り組ませていますか。

給食と清掃を点検し
よりよい方法を考えさせよう

　1年生の終わりになると、給食も大分落ち着いてきます。準備も片付けも短時間でできるようになり、仕事の分担もスムーズに行われます。また、清掃も「生徒だけでも十分行える」と思える場面も増えてきます。清掃を帰りの会の後に行っている学校などでは、委員会活動、部活動などとの兼ね合いの中、協力して効率よく進める姿も見え始め、子どもたちの成長が感じられて嬉しいものです。

　2年生では、一歩前進して、よりよい活動に向けて知恵を出し合っていきます。班や学級で話し合ったり、新たな工夫を試したりするなど、試行錯誤を繰り返しながら、よりよい当番活動を目指します。

当番活動で「もっとよくする」ことを考える

　2年生で新しい学級になった当初は、当番活動をしていると、給食であれ清掃であれ、生徒が「1年生のときとちょっと違うな」と感じることが起きます。給食であればおかわりのルールが違ったり、清掃であれば、点検を行うタイミングが違ったりします。これをきっかけに当番活動の方法を再確認するとよいでしょう。班で出た意見を学級全体で集約し、学級全体のルールを生徒自身に決定させることで責任をもたせることも大切です。

　以前、給食の盛り付けを早くきれいに行うにはどうすればいいかについて話し合ったことがありました。盛り付けに時間がかかるのは、米飯の時だということが記録から分かりました。ある生徒から「ご飯を盛るしゃもじをもう一本増やせば解決する」という意見が出されました。実験してみると、生徒のいうとおり米飯の時でもはやく盛り付けが終わるようになりました。生徒総会で学級から学校への要望という形で取り上げられ、次年度からは、全学級にしゃもじがもう一本配布されました。

　口火を切った生徒は大変満足していました。大きな達成感があったのだと思います。

手を離せ目を離すな

　2年生になると、盛り付けを手伝う担任に「先生、代わりましょうか」と声をかける生徒も出てきます。生徒だけでできるのであれば、それが一番よいことですので、教師は手を出さずにいます。しかし、目まで離してはいけません。十分でない点があれば指摘します。もちろん、十分にできていれば、惜しみない賞賛を与えましょう。

▶ Check List

- □ 給食や清掃の活動をよりよい活動にしようと目配り気配りをしていますか。
- □ 教師が見ていなくても給食や清掃の活動が滞りなく行われていますか。
- □ 給食や清掃の活動を人任せにしている生徒はいませんか。

感謝を込めて
活動を後輩へ伝えさせよう

　3年生になると、給食や清掃の活動はできて当たり前になります。担任はいよいよ「手も離し目も離す」という心境になります。とはいえ、指導の時間ですから温かく見守り、適宜声をかけることが大切です。ただ、隙間の時間を利用して個々の生徒と話ができるようになり、この点は進路指導の上でも助かります。

　生徒の心に「この学校を卒業する時期が近くなってきたな」という思いが宿る頃には、給食を支えてくださった方々に感謝の念を伝えさせる機会をもつとよいでしょう。同様に、3年間を過ごした学び舎へもありがとうを言えたら、よい卒業式が迎えられそうです。

後輩を育てる

　3年生になれば、自分たちができるだけでなく、後輩にも目を向けてほしいものです。給食や清掃は身近でアドバイスしやすい活動なので、後輩との縦のつながりをもちたいところです。

　例えば、給食準備の時間、学級の生徒を連れて1年生の教室へ行きます。給食を担当する委員や係がいれば、その生徒が適任でしょう。1年生の準備の様子を見て、帰りの会で様子を報告してもらいます。3年生が後輩に何ができるかを考えてほしい場面です。その後も別の生徒とひんぱんに1年生の学級に足を運びました。3年生が1年生の教室で、給食へのアドバイスをしたこともあります。

　同様なことは清掃の時間にも行えます。1年生の掃除の活動を観察してアドバイスをしたり、掃除をよりよくするための点検の工夫を伝えたりします。反対に、1年生に3年生の掃除の様子を見せて、そのよいところを学んでもらうのもよい取組です。

感謝の心をもって

　学校によっては、卒業期、「リクエスト給食」があります。これは、3年生が食べたい献立をリクエストし、卒業式の直前に作っていただけるというイベントです。生徒たちはこれを大変楽しみにしています。ここをチャンスとして捉え、給食に携わる方や、ふだん、生徒の清掃しない場所を清掃している方に、感謝の気持ちを伝えます。生徒が給食室や用務員室へ行き、職員の方一人一人にお礼をいう取組は、学級だけでなく学年でも取り組めます。

　また、卒業期には、中学校卒業後も、栄養面を考えて昼食を取ることの大切さも教えたいことです。

▶ Check List
　□給食や清掃に取り組む際の意議や工夫を後輩に伝える機会をつくりましたか。
　□給食や清掃を支えてくれた人々に、感謝の気持ちをもって卒業していく取組を計画していますか。

8

部活動

部活動は、中学校生活において生徒が楽しみにしている活動の一つです。部活動における集団は、異年齢によって構成されるとともに、部活動に参加する目的も、競技や種目の習熟の程度も生徒によって異なります。学校生活の一環として行われていることを忘れずに、それぞれの学年に応じた指導を心がける必要があります。部活動を引退した後の生徒のフォローも大切です。

1年生 学校生活の一環であると意識付ける

生徒一人一人の部活動に参加する目的や意欲を把握し、意義をもたせる声がけをしましょう。同時に、部活動は、通常の学校生活をよりよく送れるようになることが目的であると伝えることも大切です。

準備すること	ふりかえり

2年生 「自分たちの代なら」と考えさせる

3年生中心の活動から代替わりをして、中心になって活動するようになるのが2年生です。部活動に受け身に参加するのではなく、絶えず代案を考えるなどの意識をもたせて積極的に取り組ませましょう。

前年度からの申し送り	ふりかえり

3年生 目標に向けてベクトルをそろえる

結果だけにこだわるだけではなく、同じ目標を共有し、ベクトルをそろえて取り組む過程が大切であることを伝えましょう。部活動引退後のフォローも大切です。

前年度からの申し送り	ふりかえり

部活動は学校生活の一環で あることを意識付けよう

　部活動は、中学校に進学した1年生の生徒が、とても楽しみにしている活動です。しかし、生徒は一人一人、活動に参加する目的も違えば、競技の経験や習熟の程度も異なります。また、担当する教師が、その部活動の経験があるとも限りません。

　1年生の生徒には、「学校生活がしっかりと送れていることが前提となって、部活動に参加できる」という意識をもたせることが必要です。学級担任として部活動の意義をしっかりと伝えましょう。指導においては、大会やコンクールなどの結果が全てではないこと、学校生活の中の一環として部活動が行われていることを忘れてはいけません。

生徒一人一人が部活動に参加する目的を担任として把握すること

　部活動に参加する目的は、生徒によって異なります。各種大会やコンクール等で上位進出を目指す生徒もいれば、体力づくりや、競技や活動への興味があって部活動に参加する生徒もいます。また、競技や活動についての経験も生徒ごとに異なります。小学校のクラブ活動や、学校外の習い事等での経験を積んできた生徒もいれば、そうでない生徒もいます。

　1年生の生徒の指導で大切なのは、一人一人が部活動に参加する目的を担任としてしっかりと把握することです。そして、生徒一人一人に、部活動に参加する意義をしっかりともたせることです。その上で、部活動の際に生徒とコミュニケーションを取ることがあるでしょう。そのとき、学級の中だけでは分からない人間関係も見えてきます。学級では、なかなか前に出ない生徒でも、部活動では中心となって活躍する場合も多くあります。生徒理解を確実に行うことが何よりも大切です。

通常の学校生活と関連させながら指導にあたる

　部活動は学校生活の一環として行われます。熱心になり過ぎるあまりに、授業態度や宿題の提出状況などの学習面、あいさつや掃除などの生活面において課題があれば、担任として指導にあたる必要があります。

　逆に、部活動での活動が、通常の学校生活へ還元される場合も多くあるでしょう。体力を付けることで活力をもって過ごせたり、粘り強く取り組む集中力が付いたり、部活動での安定した人間関係が学校生活を充実させることもあります。よい側面を見つけたら、「掃除の時間に○○部の生徒の頑張りを評価していただいたよ」など積極的に声をかけましょう。学校生活全体を通して成長していく集団を形成していくという気持ちをもたせることが大切です。

☛ Check List
□ 1年生の生徒一人一人が部活動に参加する目的を、しっかりと把握していますか。
□ 学校生活の中でよりよく成長していく集団として部活動を捉えさせましたか。

絶えず「自分たちの代ならどうするか」と考えるように意識付けよう

　部活動における2年生の位置付けは、年度の前半と後半とで大きく異なります。前半は3年生のフォロワー、後半はチームの中心となって部活動に関わります。

　2年生の指導において大切なのは、「自分たちの代ならどうするか」と絶えず考えさせることです。具体的に代案を考えることは、今までは気付かなかったところに目を向けることにもつながります。部活動を指導する際は、「練習メニューの改善」、「学校生活の在り方」などについて生徒に幅広く意識させることが重要です。

　また、代替わりの新チーム立ち上げ時には、新しい体制の中での頑張りを認めるなど、全員に自己有用感を与えるように努めましょう。

自分たちの代のチームづくりをイメージさせる

　部活動における2年生の指導で重要なのは、年度の前半から自分たちの代のチームづくりを具体的にイメージできるようにさせることです。もちろん、年度前半は、3年生の生徒のチームを軸に部活動が運営されます。「3年生中心のチームの中での2年生の役割」を意識させることはとても重要なことです。

　2年生の中には、チームのレギュラーに抜擢される生徒もいれば、なかなか出場の機会のない生徒も出てきます。同じ学年でありながらも、部活動内での役割の違いを意識し出すのも2年生の時期です。

　それぞれの生徒の目標が異なり始めるこの時期の指導で大切なのは、「自分たちの代になったときにはどうするのか」を絶えず考えさせることです。共通の目標を失わないことが、主体的に部活動に参加する素地をつくります。「夏以降には○○をやりたい」などと具体的に考えられる集団をつくることが大切です。

チーム立ち上げ時に関わる

　年度の後半は、2年生の生徒が中心となって部活動を運営することになります。代替わりをした直後は、部活動の運営への思いが強すぎて、取組が空回りをしてしまう場面も多く出てきます。そのような姿は普段の学校生活での様子や振る舞いにも表れるので、担任としては、学級の中で生徒の変化を見逃さないように心がけましょう。また、顧問としては、現状を確認しながらよきアドバイザーとなることが、新たなチームづくりを支えていくことになります。練習メニューを具体的に指示したり、進捗状況を確認したりしながらチームづくりに関わることが大切です。

◪ Check List

□2年生が、「自分たちならどうするか」と考えるように意識付けを行っていますか。

□チーム立ち上げ時には、よきアドバイザーとして、チームづくりに関わることができましたか。

目標に向け
生徒がベクトルをそろえて
取り組む環境をつくろう

目指せコンクール金賞！

　部活動をしている生徒にとって、3年生時の大会やコンクールは、集大成の場です。2年間の部活動を通して、成長した生徒もいれば、課題を抱えたまま3年生を迎えた生徒もいることでしょう。後者については2年生のときより深刻です。担任として生徒の話に耳を傾け、今後の方向性を見いだすことは大切です。また、3年生の部活動の指導で大切なのは、集団としての目標を再確認して、ベクトルをそろえて取り組む環境をつくることです。同じ目標に向かって取り組む過程が大切であることをしっかり伝えていきましょう。

　また、部活動の引退後、教師は、よきアドバイザーとして生徒の進路実現に向けて支援できる存在でいましょう。

3年間の集大成としての目標を明確にする

　3年生の生徒を顧問として指導する場合に大切なのは、生徒が共通して目指すことのできる目標を掲げることです。「○○大会ベスト8」、「2回戦突破」、「コンクール金賞受賞」など、努力すれば手が届きそうな目標を掲げることになるでしょう。教師が意識しておかなければならないのは、結果だけにこだわるのではなく、共通の目標に向けて、皆がベクトルをそろえて取り組むことの大切さに気付かせることです。同じ目標に向けて切磋琢磨する姿は、後輩の範たるにふさわしいものです。3年間の集大成としてぜひ意識させましょう。

部活動での成長を日々の学校生活につなげさせる

　夏の大会を最後に、3年生の生徒は、部活動を引退します。生活スタイルも大きく変わり、進路選択という現実がいよいよ間近なものとなることで、不安に思ったり、戸惑ったりしている生徒もいます。引退後の生徒の様子を、担任としては注意深く見守る必要がります。また、顧問としては、学級を越えて、進路選択の中で悩んだり不安をもったりしている生徒への関わりを通して、部活動での経験を学校生活に生かしていくように支援することが大切です。廊下で生徒とすれ違ったときや、休み時間に出会ったときなどに、さりげなく声をかけてみましょう。すると、自分たちの引退後の部活動の様子や進路選択の中で考えていることなど、生徒は多くのことを話してくれます。生徒とコミュニケーションを取りながら、よきアドバイザーとなることが大切です。「部活動での頑張りが、学校生活に生きている」と生徒が実感できれば、卒業までの学校生活をさらによりよくするための原動力につながるはずです。

▶ Check List

□ 3年生が目標に向けてベクトルをそろえて部活動に取り組む環境をつくることができましたか。

□ 部活動を引退した後の生徒にとってのよきアドバイザーとなっていますか。

9

定期テスト

定期テストは、生徒にとっては教師に努力を認めてもらう
チャンスであり、教師にとっては生徒の努力を確認したり弱
点を把握して指導に生かしたりするチャンスです。また、教
師自身も生徒や保護者から評価される材料にもなります。事
前指導・作問・採点・返却・事後指導といった流れを確認し、
計画的に取り組みましょう。

1 年生 定期テストの意義を伝え、学習方法を丁寧に指導する

定期テストは授業とリンクしていることを実感させましょう。初め
ての定期テストで不安に思っている生徒もいる為、テスト勉強の計
画などを丁寧に指導します。

準備すること

ふりかえり

2年生 学習意欲の維持と不得意教科の克服に努力させる

学校生活に慣れた2年生に、学習意欲の維持と不得意教科の克服に挑ませましょう。その際、学習計画表やふりかえりチェック表などを活用し、効率的に学習を進めるようにします。

前年度からの申し送り

ふりかえり

3年生 テストで見つけた弱点はすぐに手当てする

「その時にその場で弱点をクリアする」という意識で取り組ませましょう。教科別の面接なども実施し、生徒の不安や悩みに寄り添える体制を整えましょう。

前年度からの申し送り

ふりかえり

毎日の授業とその復習を 大事にして定期テストに 臨ませよう

　小学校では、基本的に定期テストという形ではなく、市販のテスト等を用いて単元ごとに学習の状況を把握することが多いと思うため、生徒は中学校で初めて定期テストを受けることになります。生徒は、「いい点数を取りたい」と思って臨むでしょう。教師としては「授業を中心に頑張れば成果が出るのだ」と実感させる作問を行うことが、今後の学習指導の上でも大切です。生徒には、授業で学んだことが身に付いているかを試すのが定期テストであることをしっかりと認識させましょう。

作問の重点は授業の重点と一致させる

　授業にしっかり取り組んでいれば正答できる問題を作成することが大切です。授業の重点とテスト内容との整合がとれていれば、生徒は改めて授業を通して力を付けることの重要性を認識して学習するようになり、学習内容の定着を効率よく図ることができます。なお、同一教科におい

て学年担当が複数の場合は、事前に出題担当者を決め、共通理解を図って作問を行うことが必須です。

計画を立てて臨むよう指導する

多くの1年生にとって、定期テストは成績に大きく関係する恐いものという意識があると思います。まずは、定期テストは日頃の学習の状況を確認するためのものであることを伝えましょう。そして、10日程前に配布される「テスト範囲表」をもとに、テスト勉強の計画を考えさせましょう。まずは担任がフォーマットを作って、記入させるとよいでしょう。また、必要に応じて学年集会などで説明会を行いましょう。

採点は公正に、明確な基準をもって行う

記述問題では、採点基準を明確にしてブレが生じないようにします。設問ごとに通して採点するとブレが生じにくく、かつ効率的です。特別な解答例はどう判断したかメモしておくと、質問等がきたときに便利です。

返却の時こそ指導のチャンス

以下の流れで返却するとよいでしょう。

①白紙の解答用紙を配り解き直しをさせる（教科書やノート等を見てもよいし、友達に助言してもらってもよい）。

②解説する（採点基準を示す）。

　「正解は〜です。授業で○○を考えたことを思い出しましょう。あのとき考えた力を試しています。こういうふうに考えると正解にたどり着きます。ですから、○○○基準で採点しました。」

③答案を返却する。

　生徒はテスト明けの最初の時間に返却されることを期待しています。この流れを一週間以内に行いましょう。

▶ Check List

☐ 定期テストを行う意味を生徒に伝えましたか。

☐ フォーマットを用意して、学習計画を立てさせましたか。

学習意欲の維持と
不得意教科の克服に
努力させよう

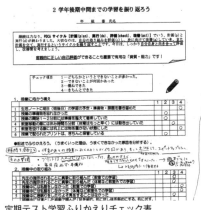
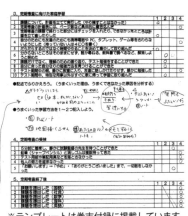

定期テスト学習ふりかえりチェック表　　　※テンプレートは巻末付録に掲載しています。

　２年生は、学校生活への慣れなどから、学習に関して「中だるみ」を起こす傾向があります。また、徐々に得意な教科と不得意な教科が固定してしまい、不得意教科については苦手意識から学習意欲が高まらず、それが大きな悩みになっていることも考えられます。投げ出してしまうと後々苦労するのは生徒本人です。こうした「中だるみ」対策と不得意教科の克服に向けて、毎日の授業やテスト勉強を具体的にふりかえらせたり、不得意だと感じている教科から一教科を選択して優先的に努力するよう提案したりします。また２年生からの成績が内申書等に関わるのであれば、それも伝えておく必要があるでしょう。

不得意教科に対して挑む姿勢を身に付けさせる

　不得意教科が複数ある場合には、まずは重点的に努力する教科を一教科に絞らせます。その上で、教科担任に協力を得たりその教科が得意な生徒に教えてもらったりしながら、学習内容や学習方法を理解させます。大切なのは苦手から逃げない心構えをもたせることです。

自分に合った学習計画を立てられるように指導する

　1年生のときとは違い、自力で計画を立てさせることが有効です。例えば、大枠だけ印刷した表を配付し、何日前から勉強を行うか、その日に何を何時間行うかなどを考えさせて記入させます。そして毎日、計画通りにできたかを振り返らせ、当日までに自ら調整させながらテスト勉強を行わせます。毎日回収して一言簡単にコメントするのも有効です。

定期テストの結果を踏まえて目標を立てる

　定期テストの結果を、例えば、次のような観点で振り返り、次への目標を立てさせましょう。

□計画表には具体的な学習内容を書き入れた。
□取り組む内容と時間を決めて学習に取り組んだ。
□計画通りに学習できた（できなかった場合の理由）
□自分にあった勉強法を発見した（具体的に）。
□次の目標：

　その他、左ページのような学習のふりかえり表を活用して、テストの結果だけではなく、学習に向かう姿勢についてもふりかえらせます。客観的に分析させることで、自分ができていないこと、うまくできているので伸ばしたいことなどを把握することができます。

▨ Check List
□テスト範囲に合わせて学習計画を立てさせましたか。
□不得意教科に対する学習方法を考えさせましたか。

テスト対策で見つけた
弱点はすぐに
手当てさせよう

　この一年は、向かいたい進路によっては様々なテストを受けることも多く、生徒によっては精神的に不安になったり自信をなくしたりしている姿が見られます。担任として声をかけるのはもちろんですが、まずはこのような不安を抱えることのないように、テストの在り方を一緒に確認する必要があります。テストはあくまでも自分の学習の状況を把握するためのものです。定期テスト後には、担任の個別面談を行うとよいでしょう。また、可能であれば教科別面接も行い、具体的な解決策を一緒に考えるようにしましょう。

　また、2年生のときには仲間だった友達が敵に見えてくるケースも珍しくありません。そうした中、進路決定に向けて皆で成長していくことで一人一人が伸びることにつながることを伝えることはとても重要です。また、教室の温かい雰囲気や皆で向上する意識の醸成に努めます。

定着していない部分を重点的に学習する

　3年生は、自分の不得意な部分を十分に認識しています。そこで、弱点が発見できたときこそ、それを好機と捉えさせ、重点的に学習させるようにしましょう。具体的には、教科担任に分からない点を聞きに行かせたり、学級で学習方法を披露し合ったりすることが考えられます。また、個別指導も有効です。魔法の指導方法はありませんが、努力は必ず実を結ぶことを実感させるためにも、少しでも成果が出た際には必ず声かけをして自信をもたせることが大切です。

定期テスト終了後、教科別面接を行う

　3年生には教科別の面接が効果的です。心配な生徒や希望者に限らず、可能であれば、全員を対象とするとよいでしょう。「○○さんにはここが大事ですね」「○○の方法も有効ですよ」といった具合に、具体的な助言をすることが大切です。

　また、記述式問題では、発言やノートでは把握しきれない個々の思考や判断の傾向が手に取るように分かります。採点しながらそうした気付きをメモしておき、教科面接で伝えることで、一緒に考えてくれているという実感は大きな安心として、弱点を克服していこうとするモチベーションになります。

　高校入試など、大きな進路選択に向けて不安や孤独を抱えるようになる生徒も増えるでしょう。担任のみならず、教科担任も含めて生徒の学習を支え、定期テストを通じて自信を取り戻せるように寄り添っていくことが大切です。

☞ Check List
　□定期テストでは、生徒の弱点を発見し、その生徒に合った指導を提案したり声掛けをしたりできましたか。
　□教科ごとの面接は実行できましたか。

10

校外学習

旅行・集団宿泊的行事のねらいは、「平素と異なる生活環境にあって、見聞を広め、自然や文化などに親しむとともに、よりよい人間関係を築くなどの集団生活の在り方や公衆道徳などについての体験を積むことができるようにすること」です。校外学習は生徒が最も楽しみにしている行事であると言っても過言ではありません。楽しい思い出をつくるとともに、学級としてよりよい人間関係を形成する機会としましょう。

1年生 校外学習（遠足）をプロデュースさせる

校外学習（遠足）では、ねらいを明確にして、学校生活の心構えや協力する楽しさを味わわせましょう。生徒と話し合い、学級目標などを掲示物として作成するのも効果的です。

準備すること	ふりかえり

2年生 豊かな自然に親しませつつ、集団としての一体感を味わわせる

実行委員や係を中心に、自然に親しめるキャンプファイヤーの流れを考えさせたり、一体感を味わえるスタンツやゲームを企画・運営させたりしましょう。

前年度からの申し送り	ふりかえり

3年生 計画から旅行中まで学級会議を充実させ自治の力を育む

計画段階のしおりの作成から、留意点を話し合わせたり、修学旅行の夜の学級会議で、自分たちの成果と課題をふりかえり翌日に生かしたりすることで、自治の力を高めさせましょう。

前年度からの申し送り	ふりかえり

ねらいに応じて校外学習（遠足）をプロデュースさせよう

　1年生では、入学時に校外学習（遠足）、また、地域によっては泊りを伴うオリエンテーションのための合宿を行事として位置付けている学校もあるでしょう。中学校入学時にはどの生徒も前向きで、新鮮な気持ちをもっています。是非その気持ちを校外学習（遠足）につなげて、中学生としての心構えを理解させたり、集団で協力することの楽しさを身に付けさせたりしたいところです。その上で、日常生活とは異なる生活環境の中で、集団生活の在り方や公衆道徳について考えさせ、学校生活に活用できるように指導しましょう。

豊かな自然の中で集団生活の在り方を考えさせる

　校外学習（遠足）を行う場合、豊かな自然に溢れた環境の中で過ごすことがあります。中学生としての心構えを知り、きまりを理解したり、集団生活をする中で互いの仲を深めたりすることがねらいとなるでしょう。学級として次のようなことを提示しておくと効果的です。

①校外学習（遠足）のきまりを理解し、遵守すること。

②学級内の全てのメンバーと会話をし、よいところを探すこと。

③校外学習（遠足）中にどんな学級にしたいかのイメージをもつこと。

　校外学習（遠足）中に学級活動の時間があれば、是非そこで学級目標やスローガンを決めましょう。特別な場所で互いを理解し合った中で決めたことは、自分たちにとって大切な目標となります。

チームビルディングで協力することの喜びを実感させる

　近年、チームビルディングを中心に校外学習等を行う学校も増えてきています。チームビルディングとは、メンバーが主体的に個性や能力を発揮しながら一丸となってゴールを目指すチームになるための取組のことです。様々な課題を学級で乗り越えていく中で、よいチームとは何なのか、それぞれの個性や能力を理解し、協力するとはどういうことなのかを理解していきます。そのような場合、その場で高まった気持ちを表現する掲示物を作成するのも効果的です。例えば次のようなものが考えられます。

・全員の手形が入った学級旗。

・全員の手で書き上げた学級目標。

・全員の手で描き上げた学級イラスト。

　完成した作品を教室に掲示し、学級への帰属意識を高めましょう。

☞ Check List

□校外学習等できまりを遵守することの大切さや集団生活の在り方を理解させることができましたか。

□校外学習（遠足）中に協力して目標を決めさせたり、どのように動けばよいかを考えさせたりすることができましたか。

豊かな自然に親しませつつ
集団としての一体感を
味わわせよう

　2年生では、自然豊かな環境で林間学校を企画している学校が多いようです。普段都会に住んでいる生徒ほど、自然の中で行った活動は記憶に残るものです。そこで、夏季に行う林間学校では、安全に留意しながらキャンプファイヤーを行い、自然の豊かさを体感させましょう。冬季の林間学校では、日中にスキーなどに取り組むことが多く、個人での活動が多くなります。学級のスタンツやゲームを披露する時間を設け、集団としての一体感を味わわせましょう。豊かな自然に親しむことの意義を理解するとともに、学習活動の成果をどのように活用したらよいかを考えることができるようにすることが大切です。

自然に親しめるようなキャンプファイヤーの流れを考えさせる
　夏季の林間学校ではキャンプファイヤーを行うことが多いですが、豊

かな自然を感じさせるにはその流れが重要です。学校によって進行の仕方が決まっていることもありますが、実行委員や係などで生徒自身が流れを検討することで、主体的にキャンプファイヤーを行うことができ、それが豊かな自然に親しむことにつながります。例えば次のようなことを流れの中に加えると効果的です。

□開会に合わせて自作した詩を読み上げる。

□分けられた火の意味を決め、学級で誓いの言葉を発表する。

□『燃えろよ燃えろ』、『遠き山に日は落ちて』などキャンプファイヤーの歌だけでなく、自分たちの学年にふさわしいテーマソングを選び、歌う。

自然に親しませつつ、特別な思い出となる機会にしましょう。

学級目標を踏まえながら、スタンツやゲームを企画させる

当日のスタンツやゲームがよいものになるかどうかは、企画会議にかかっていますので、大いに試行錯誤させたい場面です。決定までには次のような手順が考えられます。

①学級目標やスローガンを踏まえて、行いたいスタンツやゲームを個人で考える（スタンツ：ダンス、劇、合唱など。ゲーム：よいところ探し、モザイクアートなど）。

②理由を語りながらグループで絞り込み、全体で検討する。

③企画係で数日かけて内容を練り上げる。

④企画係の提案を聞き、議論したり役割を決めたりする（スタンツの場合は練習する）。

このときに大切なのは、学級目標やスローガンとの関連です。ただ楽しいものをやっても学校生活には生かせません。担任として適宜助言をし、目的意識を喚起することが重要です。

☞ Check List

□キャンプファイヤーを通して、豊かな自然に親しませることができましたか。

□学級目標やスローガンを踏まえたスタンツやゲームを企画させることができましたか。

計画から旅行中まで、学級会議を充実させ自治の力で成功させよう

　3年生の修学旅行では、京都・奈良などを中心に日本の文化遺産を巡ることが多いでしょう。『中学校学習指導要領（平成29年告示）解説　特別活動編』には実施上の留意点として「文化的行事や健康安全・体育的行事、勤労生産・奉仕的行事との関連を重視して、単なる物見遊山に終わることのない有意義な旅行・集団宿泊的行事を計画・実施するよう十分に留意すること。」とあります。思い出づくりのみに終わることのないよう、今までの集大成として自治の力を発揮させる場としましょう。

　日常とは異なる環境や集団生活に身を置いて、文化・社会に親しみ、新たな視点から学校生活の意義を考えようとする態度を養うことが大切です。

しおりの行程表を見て、留意点を話し合わせる

　修学旅行は、行事の中でも学級経営面での関わりが薄いと思われがちですが、決してそうではありません。実施に際しては、事前の指導を行いますが、例えば、しおりの行程表を見て、自分たちで留意点を話し合わせることが考えられます（以下は生徒発言例）。

・駅や空港での集合は、他の利用者がいるからコンパクトに集合する。移動は２列で、横切りたい人がいたら自分たちが止まる。

・寺社仏閣で展示物を見る際は、他の観光客に十分配慮して、中学生がいたから残念だったと思われないようマナーを守って行動する。

　このようなことを教師に言われる前に気付けるのが３年生でしょう。何でも先回りせず、是非自分たちで考えさせましょう。

学級会議で成果と課題を見つめ、自治の力を育む

　旅行中に学級会議を設定し、自分たちの一日を振り返る場をつくりましょう。その日に出た課題を翌日に改善するよう話し合わせることで、自分たちのことを自分たちで治めるという自治の力が付いていきます。

　公共の場に自分たちがいることで困っている人はいなかったか、私的な空間にしてはいなかったか、などの観点で適切に振り返るようにしましょう。学級会議の流れは、次のようなものが考えられます。

　①しおりを見ながら各グループでの１日の行動を振り返る。

　②班長が全体に報告する。

　③全体でよかったところを確認するとともに、明日の行程を見ながら改善できそうな点を具体的に挙げる。

　④担任が講評する。

➡ Check List

□修学旅行に行く前に留意点を自分たちで考えるなど、自治の力を喚起する活動を行わせることができましたか。

□学級会議で公共の場における自分たちの姿を把握し、翌日の行動に生かすよう指導できましたか。

11

面談

　面談が楽しみだ、という学級担任はそう多くないと思います。保護者と話すのは気が重い、緊張すると考えている教師もいるかもしれません。しかし、面談は生徒の学校での様子を伝え、家庭での様子を知ることができるよい機会なのです。保護者から学び、共に考えるという姿勢で面談に臨めば、大きな収穫が得られます。保護者の協力は、今後の学級経営を上手く進めていくために欠かせません。

1年生 学習面の話だけで終わらない

保護者の関心事は成績のことだけではありません。生活のこと、友達のこと、部活動のことなどもしっかり伝えましょう。事前の情報収集が鍵となります。

準備すること	ふりかえり

2年生 生徒と保護者の橋渡しをする

生徒によっては、保護者との距離感が難しい時期です。生徒自身の
口で、自らの学校生活について語らせるなど、面談を上手に使って
生徒と保護者の橋渡しをしましょう。

前年度からの申し送り

ふりかえり

3年生 生徒と保護者の進路選択を
後押しする

面談の正念場です。生徒と保護者の意向を十分に汲んで、笑顔で終
わる面談を目指しましょう。生徒に「自分で選んだ進路」に向かう
意欲を高めさせます。

前年度からの申し送り

ふりかえり

学習のことも含め 中学校生活の全体像を 伝えよう

　入学して初めての面談はお互いに緊張しています。大切なのは、面談のねらいを達成することです。

　それは、大きく次の三つです。

① 保護者に生徒の学校での様子を知ってもらう。協力を仰ぎたいことがあれば、率直に伝える。

② 家庭での生徒の様子を話してもらう。保護者が心配に思うことがあれば、学校と共有する。

③ 生徒が、今後の生活を改善しようと思ったり、学習にやる気を出そうと思えたりする。

　それぞれが満足できる面談を目指しましょう。

面談前の情報収集をまめに行う

　小学校では、学校生活の大部分の時間を、担任が学級の子供と一緒に過ごしています。しかし、中学校では学級の生徒と過ごす時間は小学校に比べてぐんと減ります。担任は、自分の教科以外の授業の様子や部活動、委員会の様子を直接見ることは基本的にはできません。

　そこで、面談前の情報収集が必要となります。教科担任の先生に授業の様子を聞いたり、部活動の様子を顧問の先生に聞いたりしておきましょう。それを保護者に伝えることで、「担任の先生はわが子をよく見てくれている」という信頼感が湧くことでしょう。

　また、面談の前に生徒と短時間でも話をしておくことも効果的です。特に遅刻や忘れ物など改善を要する内容を保護者に伝える際には、「本人とは以前にも、遅くとも10時には寝ようと話していたところです」などと話すことができます。

誠実に対応する

　面談の最中に、今この場では答えられない質問を保護者から受ける場合があります。そんなときは素直に分からないと伝え（例えば、「ここでは正確なお答えができませんので早急に確認してご連絡いたします」など）、調べて後日知らせるなど、あいまいな返事でごまかすのではなく、誠実な対応を心がけましょう。面談終了後に答えが分かれば、その日のうちに連絡するのもいいでしょう。「お母さんのおかげで、私も一つ勉強になりました。今後ともよろしくお願いいたします」と言葉を添えれば、担任としての誠実さも伝わるかもしれません。また、状況が許せば面談後の家での会話を生徒に聞いてみると、担任の話がどう伝わっているかが分かります。

☞ Check List

　□面談する生徒の情報が、面談前に十分に収集できていますか。
　□学習に偏ることなく、生徒の学校生活全般を伝えられましたか。
　□保護者が「我が子を見てくれている」と信頼感をもってもらえる面談でしたか。

2年生

生徒と保護者の橋渡しをしよう

　1年生の始めは、多くの生徒が家に帰って中学校の様子を嬉々として話すようです。ところが、2年生になると、家で学校のことをあまり話さなくなる生徒が増えていきます。少し前までは、担任や保護者に褒められると嬉しそうだったのが、他者から自分のことをとやかく言われることに抵抗を感じるように変わっていきます。

　そんな時期の生徒に「面談が短くなる方法がありますが試してみますか」と投げかけると、「短くなるなら何でもします」と返ってきます。ここでは、難しい時期にいる生徒と保護者とで面談する方法を紹介します。

自分の口から振り返らせる

　面談の数日前に生徒に次のように投げかけます。「面談の始めに2年生の最初からここまでの自分をふりかえって話をしてもらいます。話せた

人の面談は短く終わるように、担任が全力を注ぎます」すると、半信半疑ながら挑戦する生徒が現れます。面談初日に「本当に短かった！」と声が上がれば、次の日からは、挑戦する生徒が増えます。

　保護者にとっても、我が子の成長を見るよい機会となります。周到に準備をして、立派なスピーチをする生徒もいて、ときに保護者が涙ぐむようなこともあります。努力したことや失敗したこと、自慢したいことなど、一つ一つが保護者の心にしみ入るようです。

担任も保護者も生徒への要望を一つに絞る

　「生徒が自分でふりかえりを立派に語れたら、ご褒美として面談を短くします」という約束は、保護者向けの面談の案内にも書いてあります。そこで、担任と保護者が生徒に向けて一つずつメッセージを送ることもお願いしておきます。こうやって、面談は（ほんの少しですが）短く終わります。

時間どおりに面談を進める

　この取組には面談が時間どおりに進んでいくというメリットもあります。長々ととりとめのない話をして、スケジュールが大きく乱れるという経験をした担任は多いことでしょう。そうなると、次に面談する保護者を長い時間待たせてしまうことになります。そして、長時間お待たせした後の面談は、なぜか短く終わらないことが多いようです。

　なお、保護者が来られたら、教室の出入口で迎え、終わりも出入口まで見送りましょう。これだけで随分と印象が変わります。また、面談の場では、生徒の資料を他人に見られないように十分注意してください。

▮➤ Check List
- □ 生徒が学校生活を振り返る機会となりましたか。
- □ 保護者に生徒の頑張りを見せることができましたか。
- □ 時間どおりに面談が進み、保護者にも満足してもらえましたか。

生徒と保護者の進路選択を後押ししよう

　3年生の面談の最重要事項は、何と言っても進路選択でしょう。今や、高校、大学では、少なくない人数の生徒や学生が、入学後すぐに辞めてしまうなど進路を変更することがあるようです。大学においても「自分で選んだ大学じゃない。本当はもっと違う道へ進みたかった」と話す学生がいます。人生で初めて進路を選択する生徒も多い中、「必要な情報は収集、吟味した」「周囲の人と十分に話し合った」、そして「この進路は、誰でもなくこの自分が決めた」と生徒が思えるための面談をすることが大切です。

　そのために、本人はもちろん保護者とも十分に話し合い、最後の面談は笑顔で終われるように、しっかり準備して本番を迎えましょう。

生徒との教育相談を積み重ねる

　進路を選択するに当たって、生徒は様々な点で悩みます。成績のことはもちろん、部活動や学費や通学時間、果ては友達から制服までが選択の要素になってきます。多くの生徒は学校説明会や学校祭などで、目標とする学校を自分の目で見て、情報を収集し進路を選択していきます。生徒から声が上がれば、放課後に時間を取って相談に乗るといいでしょう。また、休み時間や掃除の時間など、わずかな時間の隙間にちょっと声をかけてみるのもいいでしょう。その際に、生徒が見落としている点や、考え違いをしている点があれば、適切なアドバイスをしましょう。

保護者と十分に連携をはかる

　進路のことで、生徒と保護者の意見が一致しない場合もあります。まずは、生徒の話に耳を傾けましょう。その上で必要があれば面談の前に保護者に連絡を取ります。電話やメールではなく、会って話をすることができれば最善です。

　生徒の選択に保護者が納得できない場合、保護者の意見を聞きながら、真意がどこにあるのかを明らかにしていきます。生徒の選択自体に反対している場合もあれば、「うちの子は全然勉強していない」「進路選択に真面目に取り組んでいない」という理由で反対している場合もあります。両者の言い分を十分に把握した上で、面談に臨みましょう。３年生の進路選択の面談は、今までよりも時間がかかるものとなります。事前に打てる手は全て打っておくのが最善の策です。

　最後に。この面談が保護者と個々に話す最後の機会になるかもしれません。お世話になった保護者の皆さんに、３年間の協力に対して感謝の意を表しましょう。

▶ Check List
- □生徒と保護者が、担任に十分話を聞いてもらえたという思いを抱いて終わることができましたか。
- □生徒に「自分が選んだ進路」に向かう意欲を高めさせることができましたか。

——12——
夏休み

　夏休みは、生徒にとって伸び伸び過ごせるまとまった時間です。生活リズムを維持しつつ、かつ夏休み明けから始まる活動にスムーズに取り組めるように、学習面・生活面双方で充電できる期間となるようににすることが大切です。

　ただし相手は中学生。ルールで縛るよりも、生徒の主体性を引き出すようにすることが、自律・自立のために重要です。

1年生 「夏休みルーブリック」で 主体性を引き出す

中学最初の夏休みを具体的にイメージするため、目標の項目ごとに「概ね満足」、「十分満足」の2段階で自分の姿を書き出すよう促しましょう。

準備すること

ふりかえり

2 年生 次期リーダーの 背中を押す講座を開く

多様な生徒にリーダーの経験をさせるため、生徒らが立候補しやすいきっかけを用意し、講座を開いて、人をリードするノウハウや心構えを伝授しましょう。

前年度からの申し送り	ふりかえり

3 年生 「独り」に耐える力を付けさせる

自律・自立とは、独りで判断し、たとえ独りでもよりよい選択をし進んでいくことです。中学最後の夏休みは、「独り」で判断し進む重さに耐える練習の機会にしましょう。

前年度からの申し送り	ふりかえり

主体性を引き出す「夏休みルーブリック」をつくらせよう

夏休みルーブリックを作ろう

項目	これができたらOK！(B)	ここまでできたらすごい！(A)
起床	平日は6:00に起きる	休日も6:00に起きる
運動	ラジオ体操に参加する	25メートル泳げるようになる
宿題	宿題は8月20日までに終える	宿題は8月10日までに終える
国語	1学期の漢字が書ける	2学期の漢字も半分書ける
数学	毎日15分はドリルを解く	間違えた問題を解けるようにする
…	…	…

夏休み修了証

> **9月の私へ**
> 　あなたは、ぎらぎら太陽の照りつける昼も、蒸し暑く汗のしたたる夜も、自分の立てたルーブリックを忘れることなく、ついにルーブリックの＿＿＿％を達成できました。テレビやゲーム、昼寝やお菓子の甘い誘いを振り切りながら、たった独りの「自分との戦い」に真正面から向き合えたことを、心から讃えます。このことは、これからの中学生活の大きな自信になることでしょう。
>
> 　　　　　　　　　　　　　　　　　　　　　7月の私＿＿＿＿＿＿より

　夏休み前の指導は、とかく「○○へ行ってはいけない」「○○してはならない」といった禁止事項の列挙になりがちです。それは、危険から生徒の命と人権を守るためには必要なことです。

　しかし1年生にとっては、初めての長期休業の間に、部活動や教科ごとの宿題など不慣れなことが続き、長期休暇を生かす生徒、一気に生活リズムが崩れる生徒など、個人差が大きく開くことも多いものです。

　禁止の言葉ばかりの指導で終わらないよう、望ましい過ごし方のモデルを生徒自身が思い描く手助けとして、夏休みの前に、生徒と「夏休みルーブリック」づくりに取り組んでみましょう。「これができたらOK」「ここまでできたらすごい」を書き出すのです。

シンプルな基準を生徒と話し合ってつくる

　ルーブリックとは、授業で目指す実現目標に対し、各生徒が何がどこまでできていればどの程度達成したと見なすかの基準を、あらかじめ示しておく表です。海外での研究や実践を踏まえ、SABCの4段階の表が日本でもよく紹介されています。

　ここでは2段階評価とし、ABの2基準のみ記すことを提案します。シンプルにすることで、生徒自ら決めやすくなるからです。

宿題、生活習慣に加え、夏休みらしい体験を項目に入れる

　生徒と話し合って基準を設定する場合、項目も工夫しましょう。せっかくの夏休みなので、宿題や生活習慣だけに留めずに、健康・体力、読書・文化芸術の面でもそれぞれ何ができたら「概ね満足」で、何ができたら「十分満足」なのか確認させましょう。また、夏休みらしい経験が増えるような項目を考えさせるとよいでしょう。生徒から挙がる項目で、担任も事前に生徒の夏休みの様子が分かります。

家庭への依頼を…門限の設定や大人同士の連絡を重視

　夏休みは、生徒の行動範囲が一気に広がり、保護者の目が届きにくくなります。生徒の自立心が育つよう促すためには、どこへ行き何時に帰るのか、予め保護者に言わせることの重要性を、生徒自身に加え保護者にも分かってもらう必要があります。

　また、生徒が知人・親戚宅に外泊したがるケースでは、各校の申し合わせに従わせるほか、宿泊を認める際には、お礼の言葉や必要経費の相談などで、双方の保護者同士が連絡を取り合う必要があることを、生徒にも知らせておくことが大切です。

☞ Check List
　□ ここでいう「夏休みルーブリック」とは何かが理解できましたか。
　□ 夏休みの生活指導において、なりたい自分を記させることの教育的
　　意義がどこにあるかを生徒に説明できますか。

夏休み－2年生

リーダー養成講座を開き
次期リーダーの背中を押そう

　2年生の夏休みは、中学校生活のちょうど折り返し地点です。部活動でも生徒会でも、秋以降はリーダーを務める機会が格段に増えてきます。ただし、思春期でもあるため、周囲の目を気にし、リーダーに関心があっても自分から手を挙げるのは控えがちな様子も見られます。

　そこで、生徒の良心やチャレンジ精神を引き出し、生徒の背中を押すきっかけづくりが重要になります。例えば次期リーダー養成講座、また、自らエントリーする学習会など、自発的に参加できる催し物を複数、計画してみてはどうでしょうか。

　何人かでも参加者がいれば、彼らは夏休み以降の集団の核となって、積極的な雰囲気をつくってくれることでしょう。

次期リーダーのための講座を開き、参加を募る

　各部の部長や生徒会組織のリーダーら、またはその立候補希望者など を対象に、半日や1日程度のリーダー養成講座を開くと、生徒の自覚が 高まりやすくなります。

　「生まれつきリーダーという人はいない」、「人をリードするノウハウや 心構えを身に付ける努力をすれば、誰もがリーダーになれる」と訴えれ ば、意欲をもつ生徒が必ず現れます。そんな生徒が集まり「人をリード するのに必要なこと」を話し合えば、その中からやがては次のリーダー が育つでしょう。話合いでは、例えば「リーダーは、みんなが5分先を 考える際は1時間先、1か月先を考える際は3か月先を考える」など、 率先して動くイメージが具体化すればよいでしょう。

　こうした「種まき」策の成功の秘訣は、選考や指名は極力避け、参加 希望者全員に門戸を開き、運営に参加者自体を巻き込むことです。開催 が定着したら、準備や運営に3年生経験者の力を借りるのも一案です。

夏休み学習会でも、自発的参加の機運を高める

　夏休みに数日、学校で質問教室や補習を開くのであれば、自発的な参 加が極力増えるよう、呼びかけを工夫したいものです。例えば、4〜6 月の学習に課題の見られた生徒について「質問・自習教室」として、涼 しい場所を提供し先生が相談に乗るというイメージを前面に押し出すの です。呼び出して宿題をさせるよりずっと効果的です。自主参加が増え れば、そういう雰囲気の中でならと学習に励む生徒も出てくることでしょ う。この経験は、9月以降の授業の雰囲気にもプラスに作用します。

　可能であれば、午後に学習会を設定するとよいでしょう。熱中症対策 で午後の部活動を控えることもあるようです。また、家庭で学習するこ とが難しい生徒に、望ましい学習環境を提供するという意義も生じます。

▶ Check List

　□ 次期リーダーを担いたい生徒が出てきやすい環境整備を、夏休みに 　　計画しましたか。

　□ 自校で取り組むリーダー育成策を立てることができましたか。

進路選択に向けて 「独り」に耐える力を 育てよう

　卒業後の進路を選び、それに向かって努力するとき、その努力の過程で生徒は自分自身と向き合い、決断し、実行することを求められます。そのことを、ここでは《「独り」に耐える》という言葉で表現しています。それはどういうことでしょうか。

　誰かに相談にのってもらうことはあります。また、誰かと共に頑張ることもあります。ただ、結果が仮に望ましいものでなかったとしても、自分が決断し実行したら、もう誰かのせいにはできないのです。それが《「独り」に耐える》ということです。

　自分にできる努力を精一杯独りで積むからこそ、全ての結果を胸を張って受け入れられる。その重みを生徒に伝えたいものです。

総復習は、×が○になるまで1冊の問題集を解き直す

　多くの生徒は、問題集を少し解き始めては投げ出し、また焦って別の問題集を用意しては途中で投げ出し、といった勉強をしがちです。どの問題集でも、得意な問いには着手し、不得意な問いには着手しないのであれば、苦手な分野はいつまでも苦手なままです。標準的なものでよいので、全ページの×の問題が○になるまで、間違えたら何度も解き直す方法を、その効果とともに伝えましょう。独りで不得意な問題に向き合う必要があると理解できるはずです。

「お泊まり学習会」はうまくいかない

　3年生は外泊の口実に学習会を持ち出すことがあります。友達の家に泊まり込み、問題集に挑んで夜遅くまで復習し、熟睡し、早朝から学習に挑み……果たしてどの程度可能でしょうか。友達の家では、普段の半分できればよいほうでしょう。あまりおすすめしません。ただし、教師が頭ごなしに否定するのでなく、そういう状態になるだろうと生徒自身に考えさせることが大切です。

　外泊に際しては、どのような場合にも、保護者同士が連絡を取ることが重要です。応分の費用を精算する必要もあります。生徒にも保護者にもそのことを伝え、安易な「お泊まり学習会」が非行やいじめの温床にならぬよう、警鐘を鳴らす必要もあります。

みんなのつながりが感じられる何かを

　担任の先生が暑中見舞いの代わりに往復はがきを送り、各生徒が返信はがきのぬりえに着色して送ると、各自のはがきが1枚の大きな絵になって、新学期の教室で待っていた、という取組がありました。

　級友とのつながりが感じられる何かを仕掛ければ、「独り」の寂しさに耐える生徒たちへのエールになることでしょう。

☞ Check List
　□生徒が「独りに耐える」ことの意義を理解できましたか。
　□友人宅での外泊学習会の問題点を生徒に説明できますか。

13

文化祭／
合唱コンクール（合唱祭）

　文化的行事のねらいは、「平素の学習活動の成果を発表し、自己の向上の意欲を一層高めたり、文化や芸術に親しんだりするようにすること」です。AIの台頭が目覚ましく、予測困難な社会において、美しいものを美しいと感じたり、自ら美しいものを創り出したりするような人間ならではの美意識を磨くことは重要です。文化的な行事を通して、芸術に大いに親しむ機会としましょう。

1 年生　互いの個性を認めさせる

アイデアを出し合って展示作品を制作したり、部活動発表を聞いたりして、個性を認め合う機会にしましょう。普段では見られない互いの姿を知り、学級の絆が深まります。

準備すること	ふりかえり

2年生 作戦会議で試行錯誤する力を育てる〜合唱編〜

リーダー会議を学級全体に広げ、目標やリハーサル計画などを自分たちで立てさせましょう。自治の力を育てる為に、担任は忍耐強く見守ることが必要です。

前年度からの申し送り

ふりかえり

3年生 美意識を磨いて美しい合唱曲を仕上げる

映像資料や合唱に関わる文章、練習方法などを工夫し、合唱に対する美意識を磨き、芸術に親しませましょう。

前年度からの申し送り

ふりかえり

互いの個性を認め合い、高め合う活動にしよう

　文化祭には、普段の学習の成果を発表する形式のもの、学級ごとに展示作品を制作し鑑賞し合う形式のもの、生徒会や文化部の活動などの成果を披露する形式のものなど、学校によって様々な形があります。いずれもなかなか日常生活では見ることができない生徒のよさを披露できるのが文化祭の特徴です。これからの社会は、多様な考えをもつ他者と協働して課題を解決することが求められます。学級としては、文化祭に参加することで普段では見られない互いのよさを認め合うことができるようにしましょう。他の生徒と協力して日頃の学習や活動の成果を発表し、自他の個性を認め、互いに高め合うことができるようにすることが大切です。

アイデアを出し合って学級展示作品を制作させる

　文化祭で学級として制作するものとしては、モザイクアートや学級旗などがあります。大切なのは、学級全体で協力したという実感をもてることです。一部の生徒だけに作業を押し付けたり、中心となる生徒の考えのみが尊重されたりすることがないようにしましょう。展示作品の制作には次のような流れが考えられます。

①完成図を全員から募集し、互いに批評しながら学級としての完成図を決める（デザインは苦手でも素晴らしいアイデアをもつ生徒がいます。多くの生徒の意見も取り入れましょう）。

②材料や物品など必要なものを考え、作業分担を決める（学級全体で行うことで、意志決定に参加した実感がもてます）。

③係に分かれて作業をし、完成させる（係長を任命し、係間で連携を取ることが大切です。必要に応じてリーダー会議をもちます）。

部活動発表前後に担当生徒にスピーチをさせ、個性を認め合う

　部活動発表は部活動ごとに準備をするため、どのようなことを工夫したのか、どのようなところに苦労があったのかなどが学級には伝わりづらいことがあります。そこで、部活動発表見学に行く前や見学が終わった後に、学級内で報告させるとよいでしょう。次のような観点でスピーチをさせると効果的です。

□見学前：注目してもらいたいところ、自分の分担の紹介、部活動全体のテーマ、発表前の意気込み、など。

□見学後：今だから言える裏話、苦労したところ、実際に発表してみての率直な感想、これからの展望、など。

　互いの話を傾聴する姿勢は、友達の個性を認め合う雰囲気にもつながります。短い時間でも行うと学級づくりに有効です。

☞ Check List

□協力して展示作品の制作に取り組ませることができましたか。

□部活動発表の報告スピーチを通して、普段は見られないよさを認め合うことができましたか。

作戦会議で試行錯誤する力を育てよう—合唱編—

　中学校での合唱コンクールのイメージが十分にある2年生には、1年生ときの経験を生かして、主体的に合唱に取り組ませたいところです。そのためには、リーダーはもちろん、フォロワーの生徒たちも自分たちの合唱の取り組み方を積極的に考えて、試行錯誤しながら進めていくことが必要です。

　そこで、リーダー会議だけでなく全体で話し合う作戦会議を行いましょう。失敗と成功を繰り返すことで、どうすればうまくいくのかという術を体得することが可能になります。他の行事でも応用可能です。

合唱コンクールの目標や目指すべきクラス像を話し合う

　2年生では合唱コンクールの目標を自分たちで決めたいところです。目標設定には一人一人の意見が反映されるよう、例えば、①個人で目標

を立てる、②グループでいくつかに絞る、③各自で考えた案を全体で共有し、絞ったり、合わせたりするなどの方法が考えられます。

　ただし、目標が「絶対金賞」などになると、勝利自体が目的化してしまい、学級の高まりが持続しないということにもなりかねません。そんなときには教師が「コンクール後にどんな学級になっていたいか」などと投げかけることも大切です。

　決めた目標は、達成を目指しましょう。自分たちで決めたことに責任をもつという姿勢も育成したいところです。

作戦会議を中核にPDCAサイクルを回す

　作戦会議は全体で行います。こちらもリーダー会議と同様、次のようなルールで行うとよいでしょう。

① 基本的に生徒で運営する（担任が介入したいときは助言を書いた紙を渡す）。
② 建設的な意見を出し合う（異学年との交流会などの具体案を出す、個人を非難しない、自分ができることを語るなど）。
③ 時間をかけ過ぎない（学級活動や、帰りの会などを活用して10〜15分程度）。
④ 会議で決めたことは全員で実行する。

　生徒主体の作戦会議は担任としてはやきもきすることもあります。しかし、2年生段階で試行錯誤し、集団で物事を動かす経験や自分たちで成し遂げたときの達成感を味わっておかないと、3年生になっても自治はできません。失敗こそ成長への近道なのです。

▶ Check List
□ 合唱目標を自分たちで立案させ、達成に向けて努力させることができましたか。
□ 作戦会議を中核として様々な取組を行い、集団で取り組む際の方法を考え、体得させることができましたか。

文化祭／合唱コンクールー３年生

勝ち負けの先を見据え、美意識を磨いて美しい合唱曲を仕上げよう

　中学校３年生になると、最後の合唱コンクールということもあり、金賞や最優秀賞を目指して自然と熱が入ってきます。そんなときだからこそ、勝ち負けの先を見据え、美しいものを創造することの喜びを実感させたいところです。そのためにはどんな合唱が美しいのか、どういう姿が胸を打つのかという個人の中にある美意識を磨いていくことが必要になります。指導の工夫によって、生徒たちの目を開かせ、賞を超えた先にあるものを目指そうとする態度を育てましょう。

　美しいものを創り出し、集団や社会の形成者として伝統文化の継承や新たな文化の創造に寄与しようとする態度を養うことをねらいとします。

映像資料や合唱に関わる文章で美意識を磨く

　合唱に関する美意識を磨くためには、いい曲を聞くことが大切です。映像にはモデルとしての機能もありますので、良質なものを鑑賞させましょう。例えば、次のようなものが考えられます。

・NHK全国学校音楽コンクール（同じ中学生の合唱の美しさ）

・のどじまん・ザ・ワールド（海外の方の真摯さに胸打たれます）

・18祭（WANIMAと1000人の18歳のパフォーマンスは圧巻です）

　また次のような書籍も、なぜ歌うのかを考える際に有効です。

・宮下奈都『よろこびの歌』実業之日本社、2012年（合唱を作っていく過程が見事です）

・中田永一『くちびるに歌を』小学館、2013年（「手紙」を歌うならぜひ一読を）

　それぞれの映像や文章を鑑賞した後には、必ず学級全体で感想を交流するようにしましょう。皆、歌いたくなってくるはずです。

練習方法の工夫で美しい合唱曲に仕上げる

　2年生の作戦会議を踏まえ、最上級生としてさらに練習方法を工夫したいところです。例えば、次のようなことが考えられます。

・後輩との練習会（パートごとに1年生と練習します。腹式呼吸や頭に共鳴させて高い声を出す頭声などの技能を伝授。教えることで自分の確認にもなります）。

・縦割りリハーサル会（最上級生の姿を継承する機会にもなります。先輩として後輩にかっこいい姿を見せましょう）。

・リーダー合唱（パートリーダーと委員のみで歌います。停滞期を脱したいときに。生徒の希望が大前提です）。

▶ Check List

　□映像や書籍を通して、合唱の美しさに気付いたり、美しいものを創り出そうとする意欲を高めたりすることができましたか。

　□異学年との練習など方法を生徒自ら立案・実行し、学校文化を継承したり技術を高めたりさせたりすることができましたか。

—— 14 ——

体育祭／体育大会

健康安全・体育的行事のねらいは、「心身の健全な発達や健康の保持増進、事件や事故、災害等から身を守る安全な行動や規律ある集団行動の体得、運動に親しむ態度の育成、責任感や連帯感の寛容、体力の向上などに資するようにすること」です。個人の運動能力の差が顕著なのが体育祭です。担任としては、体力の向上を図るとともに、どの生徒も運動に親しみ、楽しさを味わえる機会としましょう。

1 年生 練習達成グラフで主体的に取り組む意欲を育成する

自分たちの練習の量をグラフにして可視化することで、自信を喚起し、体育祭に生き生きと取り組ませましょう。伸び悩むときはリーダー会議を開かせるなど、早目に手立てを打ちましょう。

準備すること	ふりかえり

2 年生 作戦会議で試行錯誤する力を育てる～体育祭編～

自分たちで作戦会議をさせて、目標や練習計画、走順や並び順など、試行錯誤させながら課題の解決に向かわせましょう。他との比較ではなく、自分たちの記録を更新するという視点で目標を立てさせます。

前年度からの申し送り	ふりかえり

3 年生 練習会の企画・運営で自治の力を育む

後輩との練習会の企画・運営や応援合戦の指導などを通して、自治することの難しさや達成感を味わわせましょう。

前年度からの申し送り	ふりかえり

練習達成グラフで体育祭への意欲を高めよう

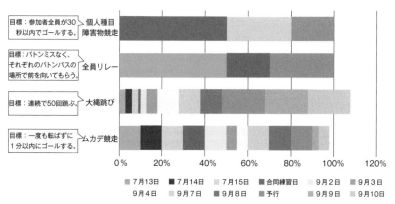

1年A組練習達成グラフ

目標：参加者全員が30秒以内でゴールする。 個人種目 障害物競走

目標：バトンミスなく、それぞれのバトンパスの場所で前を向いてもらう。 全員リレー

目標：連続で50回跳ぶ。 大縄跳び

目標：一度も転ばずに1分以内にゴールする。 ムカデ競走

0% 20% 40% 60% 80% 100% 120%

■ 7月13日　■ 7月14日　■ 7月15日　■ 合同練習日　■ 9月2日　■ 9月3日
■ 9月4日　■ 9月7日　■ 9月8日　■ 予行　■ 9月9日　■ 9月10日

　中学校で初めての体育祭、小学校の運動会とは一味違う、ダイナミックな動きや迫力のある応援合戦などを味わうことができます。しかし、その雰囲気を個々に享受するだけでは、学級としての高まりをもたらすことはできません。そこで、学級の練習の量をグラフにして日々更新していくことで、受け身ではなく自ら、そして皆で体育祭に取り組んでいこうとする態度を育成しましょう。

　運動することのよさについて考え、集団で協力して取り組むことができるようにすることを目指しましょう。

競技ごとに話し合って練習達成グラフを作る

　練習達成グラフは、自分たちで話し合い、自分たちで決定するためのものです。グラフ化することで、達成への意欲や責任感が生まれてきます。グラフ作成には、次のような手順が考えられます。

① 競技種目ごとに集まり、要項を見ながら、どんなことを練習したほうがよいかを確認する。学年種目は学級全員で検討する。

② 体育委員が体育祭本番までに練習できる日や時間を一覧にしておき、個人種目と学年種目の割り当てを決めておく。

③ 競技種目の練習における達成基準を決め、グラフの枠を作成し、学級の見える位置に掲示する。

※努力して達成できる目標を設定することが大切です。担任として指導することも忘れずに行いましょう。

練習達成グラフを更新しながらリーダー会議を行う

　計画は、立案と同時に実行することが欠かせません。グラフを示しながら、担任として、毅然とした指導しましょう。また、練習が進み、量をこなしていくと、伸び悩む時期がきます。そんなときは、適切なタイミングでリーダー会議をして状況を打開させましょう。

〈リーダー会議の開き方〉

① 短時間でこまめに行う（昼食時、昼休み、帰りの会後など。15分以上は行わない）。

② 建設的な意見を出し合う（どうすればうまくできるようになるか、上級生に教えてもらう機会をつくるなどの具体案を出させる）。

③ 会議の内容を学級全体で共有する（掲示する、議事録を公開する、練習の前に伝達するなど。透明性を大切に）。

🖛 Check List

　□練習達成グラフを作成し、本番に向けて自信をもったり、学級で協力して取り組んだりさせることができましたか。

作戦会議で試行錯誤する力を育てよう―体育祭編―

　中堅学年である2年生は、後輩の模範となり、かつ先輩を追いかける存在です。その立場を自覚しながら体育祭に臨みたいところです。作戦会議を指定し、競技の特性を捉えてより戦略的に練習に取り組みましょう。体育祭練習に学級全体で試行錯誤しながら取り組むことができれば、生徒たちは課題解決のために他の人と協力することの大切さも実感するはずです。

　体力の向上とともに、互いに協力して、適切に判断し行動することができる学級を目指しましょう。

体育祭の目標や目指すべき学級像を話し合う

　2年生では、体育祭の目標を自分たちで決めさせるのがよいでしょう。

勝つことを念頭に置きつつ、体力を向上させ、粘り強い精神力を養うことを目指すよう指導しましょう。忘れてはいけないのは、「どのような勝ち方を目指すか」という視点です。個人の運動能力に大きく左右されるからこそ、他との比較ではなく、自分たちの中でのベストな戦い方を目指します。例えば、大縄跳びであれば、「本番に50回跳んで、校内新記録を達成する」という目標を立てることで、常に自分たちの記録と戦うことができるようになります。体育祭を通して、どんな目標を達成したいのか、そのためにどんな学級であればよいのかを真剣に話し合わせみましょう。

作戦会議を中核にPDCAサイクルを回す

作戦会議では、それぞれの競技内容によって戦略を練ります。一生懸命に頑張ることも大切ですが、課題解決に向けて戦略を練る力を育成できるのも体育祭の魅力の一つです。

例えば、次の競技では以下のような内容を生徒が考えました。

綱引き：「ダー」などの濁音が付く言葉を叫びながら引くと力が入りやすいのではないか。最初の3秒で3m引き抜くつもりで引こう。最初が肝心だ。

全員リレー：走順を工夫し、距離に差をつける。意図的に前半でトップに立つと、バトンミスを防げる。コーナーでは抜かない。

このような作戦を生徒自身が考え、実践してみることで、自分たちの力で勝つことができたという経験を味わわせることが大切です。生徒たちに自信を付けさせるには、自分たちで成し遂げたという経験が必要です。「先生のおかげで勝てました」と言わせない体育祭にしましょう。

◖◗ Check List

□ 自分たちで立てた目標に、練習を通して近付くように指導できましたか。

□ 作戦会議を中核として様々な取組を行わせ、自分たちの力で課題を解決する力を育成することができましたか。

最上級生として
練習会の企画・運営をし、
自治の力を育もう

　最上級生として臨む体育祭への意気込みは並々ではないでしょう。その生徒の気持ちを学級全体で高めていきましょう。それと同時に3年生発信の縦割り練習会を企画・運営させることも一案です。生徒も下級生の頃は3年生に教わり、憧れの念を抱いていたはずです。今度は伝える立場になることで、学校の文化を継承し、3年生全体で自治の力を育むことができるでしょう。

　体育的な集団活動の意義を理解したり、運動や体力の向上に関する課題と解決策について考え、他者と協力して、適切に判断し行動することができるようになることを目指しましょう。

後輩との練習会を企画・運営する

　体育祭は、異年齢の集団が一つにまとまって競技に臨むことも多く、それが互いの立場を考えながら協力する心を育みます。クラスの縦割りで色が決まっていたり、応援合戦があったり、縦割り種目があったり、総合優勝の制度があったりと学校によって様々でしょうが、実情に応じてぜひ後輩との練習会を企画・運営しましょう。体育祭の競技は経験がものを言うことが多いので、3年生の助言は後輩にとって大いに参考になり、そのことが最上級生としての自覚にもつながっていきます。練習会の方法は、主に2パターンあります。

　①時間が確保されている場合：個人種目と学年種目などの時間配分を整理しておく。教師も一緒に競技を行い、助言をするのもよい。

　②時間が確保されていない場合：計画的に集まる時間を担任と相談して決める。大縄やムカデなどの共通種目などがあれば競い合う。

帰りの会を有効に使い、先輩として語る場面をつくる

　体育祭期間は異学年の担任同士で相談し、3年生が語ったり、助言をしたり、模範演技を披露したりする場を設定するとよいでしょう。例えば、次のような方法があります。

　・練習会の予告、反省：準備することや練習しておくこと、どうすればよくなるのか具体的な指示をする。気持ちを鼓舞する。

　・応援合戦の模範演技：応援団が見本を見せる。校歌や応援歌の練習を短時間で行う。プリントを配付し説明する。

　・作戦の伝授：全員リレーの走順、大縄の跳び方、ムカデ競争のコツ、学年種目のポイントなどを伝える。

　経験に基づいて語る話は、後輩にとって大きな励みになることでしょう。

🖝 Check List

□ 異学年との交流などを通して、体育的な集団活動の意義を理解させることができましたか。

□ 学級や後輩と協力して、課題解決に向けて適切に判断し行動させることができましたか。

15

冬休み

冬休みは、多くの地域で夏休みより短い割に、生活リズムが乱れやすい時期でもあります。年末年始に行事や催し物があちこちで行われるほか、年越しなどでの夜更かしを保護者や大人が大目に見てくれる時期だからです。

お年玉などで、金銭感覚も狂いがちです。そんな時期こそ、日本の伝統的な文化に触れる機会や、自律への手助けとなる機会を多く用意したいものです。

1年生 百人一首に取り組ませる

「一字決まり」の7首を覚える方法で、小倉百人一首かるたの面白さを味わわせましょう。生活リズムの乱れにも気を付けるよう、保護者に呼びかけましょう。

準備すること

ふりかえり

2年生　年賀状から正月の生活を見つめる

晴れの場であるお正月さえ、日常の延長と化しつつある今、年賀状
のもつ意義を再評価してみるよう促しましょう。冬休みの宿題は
12月の初句には告知し、学習計画を立てさせましょう。

前年度からの申し送り	ふりかえり

3年生　自分を知り、自分を乗り越える

自分自身の学習傾向をふりかえったり、卒業式に向けて手紙を書い
たり、義務教育の修了と次の進路の選択が目前に迫るこの時期こそ、
自己と向き合い、自分を俯瞰的に眺めるチャンスにさせましょう。

前年度からの申し送り	ふりかえり

百人一首は「一字決まり」から
親しませよう

　1年生の冬休みは、3年間の中では少しのんびりできる時期です。昔のお正月遊びなど文化に関わる生産的遊びに触れるチャンスでもあります。課金のあるような消費的娯楽でなく、日本の伝統的な文化に親しませたいものです。

　今の生徒は、百人一首やかるたを家庭でしたことがない人も多いでしょう。せっかくの機会ですから、年末までに「一字決まり」の7首を教えておくとよいでしょう。冬休み前に学級活動の時間などを利用してやってみると大変盛り上がります。

　また、生活リズムが夏休み以上に乱れやすい時期でもあります。中学生になるとお年玉の額が大きくなり、年越しを前後に夜更かしも多くな

りがちです。特に、１年生に対しては大人の見守りの目が重要です。

「一字決まり」は、む・す・め・ふ・さ・ほ・せ

村雨の露もまだ干ぬ槙の葉に　**霧**立ちのぼる秋の夕暮

住の江の岸による浪よるさへや　**夢**の通い路人目よくらむ

廻り逢ひて見しやそれともわかぬ間に　**雲**がくれにし夜半の月かな

吹くからに秋の草木のしをるれば　**むべ**山風を嵐といふらむ

寂しさに宿を立ち出でて眺むれば　**い**づこも同じ秋の夕暮

ほととぎす鳴きつる方を眺むれば　**た**だ有明の月ぞ残れる

瀬を早み岩にせかるる滝川の　**われ**ても末に逢はむとぞ思う

　最初の１字だけで下の句が確定する上記の７首を、百人一首に学級で親しむ前に学習しておくと、「さあ、次はゴールデンカードの『一字決まり』ですよ。何かな、行くよ、３・２・１……『む』！」というような読み方で、盛り上がることもあります。ぜひお試しを。

生活リズムの変化に気をつけて

　長期休暇のたびに、生活リズムが乱れがちになりますが、警戒心が緩みがちなのが１年生の冬休みです。

　クリスマス、除夜の鐘、初詣など大人も深夜に出歩くこの時期、中学生の行動範囲と門限が一気に拡大してしまいがちであり、大人が夏休み以上に気を付けておく必要があります。お年玉の額も増え、気も緩みがちです。担任としてしっかりと指導しましょう。

　冬場は17時には真っ暗で、闇への恐怖心がかえって下がっていることもあります。保護者や地域の方々に、地域社会皆で生徒を見守るネットワークづくりへの協力を呼びかけるようにしたいものです。

🖎 Check List

- □ 小倉百人一首かるたにおいて、「一字決まり」を覚えて競技することの面白さが理解できましたか。
- □ 金銭を消費する遊びでなく、文化を生産し創造する遊びがなぜ重要なのか、生徒に説明できますか。

年賀状から正月の生活を
見つめさせよう

　2年生の冬休みは、3年生に比べると、お正月気分を味わえる中学校生活での最後の機会といえるかもしれません。

　小学校から幾度かの学級替えを経て、交友関係が広がるこの時期に、国語科では手紙やはがきの学習をします。また、学習や生活を通して、地域社会との関わりも深まってきます。

　そんな絶好の機会に、国語科書写の観点からも、誰かに対してフォーマルな形で年賀状を書く経験を味わわせてみるのはどうでしょうか。

　最近では、各地の郵便局が年賀はがきや暑中見舞いはがきの学習支援に乗り出したり、手紙に関する様々なコンクールが開催されたりしています。調べて利用するのも一案です。

私信の典型としての意義が高まる年賀状

　年始には親戚やご近所に挨拶に回る慣習がありますが（年賀の挨拶）、回りきれない場合もあり、代わりに年賀の書状を出すことは、江戸期までには始まっていたようです。明治になり、郵便制度とはがきの登場で、現在の年賀状の慣習が定着しました。ところが近年は、SNSの普及、個人情報に関する意識の変化を背景として、生徒同士の郵便のやりとりは皆無に等しい状況です。

　学級担任が各生徒に年賀状や暑中見舞いを出すことがありますが、これは、長期休暇中の交流の機会であると同時に、生徒が成人前に私信に触れる数少ない機会にもなっています。

　私信はどうやって書くのが正式なのか、その典型を確認する意味で、手書きの年賀状を再評価してみてはどうでしょうか。

冬休みの宿題は早めに告知する

　年末年始には親戚が集まったり家族で遠出したりする機会が増えます。その一方で、飲食・流通・観光業などで、大みそかも正月も平常どおり出勤する保護者の留守番や手伝いを生徒が務める家庭もあります。働き方改革で変化していますが年中無休の職種もあり、正月の過ごし方は特別なものから日常の延長にすっかり様変わりしました。

　冬休みの宿題には、学校が休みの間も生活リズムを崩さず学習を続けるペースメーカーの役割があることは確かですが、近年は、各家庭の事情も様々です。宿題はなるべく早めに、できれば12月初旬には告知し、このような変化の実情に応じて、生徒自身が各家庭で取り組み方を考え工夫する時間を確保したいものです。

　各教科、互いにバランスを考えて課題が出せるよう、11月には校内の会議等で相談しておくことも必要になってきます。

▶ Check List

　□フォーマルな私信を書く機会として年賀状の書き方を教えましたか。
　□冬休みの宿題の意義と取り組み方を確認できましたか。

自分を知ることで
自分を乗り越えさせよう

　高等学校の入学者選抜試験は、選抜という目的から、どうしても他の受験生と競わざるを得ないものです。ただし、事実上のライバルは「自分」なのだということを生徒に自覚させることがとても大切です。

　この時期に考えたいのは、単純なミスを防ぐこと、そして入学できたらどんな高校生活を過ごし、その先の目標を何に置くのかです。あくまで現段階のものでいいので考えさせてみましょう。

ミスを減らすことは己を知ること

　冬休みに入る前、学級活動などの時間を利用して、これまでの定期テストや問題集の答案を持ち寄り見返す時間を取るとよいでしょう。各教

科とも生徒ごとに、間違いにはいくつかのパターンがあるはずです。それに気付かせ、書き出させることで、自分自身に対するメタ認知を促すのです。「自分の取扱説明書」を作るようなものです。

　自分のミスの傾向や間違いのパターンに自分で気付くことができれば、うっかり起こすケアレスミスが減り、冬休みの自習もはかどることでしょう。その意味では、ミスを減らすことは己の性質をよく知ることだとも言えます。

卒業式に開封する手紙を書く

　冬休みを挟んで12月から2月までの間に、卒業式に自分や保護者が読む手紙を書くというのも、自分自身に対するメタ認知を促すきっかけになります。

　卒業式に自分にどんな声をかけたいか、これまでお世話になった家族にはどんな言葉を送りたいかを、手紙の形で各生徒が書いてみるのです。すると、自分は卒業までの残りの時間で何を大事にし、次の進路へ歩み出すにあたってどういった自分でありたいのか、それについて周囲からどれほど助けてもらっているかを、書いているうちに実感してくることでしょう。

　書いた手紙は担任が預かり、卒業式の日に生徒と保護者に渡すと、感慨もまたひとしおになるでしょう。

　この取組では後輩への手紙を書くのもよいでしょう。この3年間の自分を振り返り、何を教訓とするのかを整理するきっかけになるはずです。

■● Check List

　□中学卒業後の進路を決定する際、各生徒に自己の学習状況をメタ認知させる方法を複数挙げることができますか。
　□自分を乗り越えることの進路決定における意義を、生徒に説明することができますか。

16

進路指導／受験

　進路指導は、大きく捉えれば「自分のこれからの未来について考えさせること」です。「なりたい自分」を目指して、比較的近い将来と遠い将来の両方について、イメージをもたせたいものです。

　中学校入学、卒業は、人生の節目です。この時期に自分の進路について考え、未来を見据えるために、3年生になってからではなく、1年生のうちから進路指導を行いましょう。

1 年生 進路について知る・学ぶ機会を

将来の夢、就きたい職業、住みたい場所など、進路を大きく自由に捉えて、自分の可能性について考えさせましょう。担任自身の進路選択までの道のりを話して聞かせることもよい経験となります。

準備すること	ふりかえり

2 年生 中学卒業後のことを考えさせる

中学校生活もあと半分。中学卒業後の進路選択を真剣に考えていく時期です。進路先のことや自分の適性について考えさせ、説明会や高校の文化祭に参加する機会をもちましょう。

前年度からの申し送り

ふりかえり

3 年生 自分の選択に責任をもたせる

いよいよ進路選択。しっかりと情報を収集し、吟味します。その上で自らの判断で後悔のない進路を選択できるよう、支援していきしょう。

前年度からの申し送り

ふりかえり

のびのびと夢のある進路指導を展開しよう

　卒業後の進路選択といっても、1年生にはまだピンとこないことが多いようです。この時期の進路指導で考えさせたいことは二つです。一つ目は、「自分を知る」ことです。自分の興味や夢を語らせてみましょう。具体的な夢もあれば、漠然とした夢もあることでしょう。大切なのは決めることではありません。自分がどんな夢があるのか（ないのか）、自分はどんな特徴や適性があるのかを考えていくことです。二つ目は、これから経験する学校の選択や職業の選択が、どんなものであるのか、どうしたら夢にたどり着くのかを理解することです。憧れの人や身近な先輩が、どのようにして目標の学校や職業に進んだのかを知ることもよい刺激になるでしょう。

自分を知ること

　将来に関して、自分の未来予想図を描いてみます。「3年後の自分」「6年後の自分」「20歳の自分」「どんな職業に就きたいか」「どんなところに住みたいか」など、のびのびと書かせましょう。また、「自分の得意なことや苦手なこと」「こんな職業に向いていると思う」「なりたい自分になるために、足りないことは何だろう」といったことを書いて、学級の中で交流してみましょう。「家業を継ぐ」「将来は海外で暮らしたい」といった友達の発言を聞き、様々な進路に思いをはせる時間としましょう。

　生徒が書いたプリントを学年で保管し、卒業式の直前に返却したことがあります。互いにプリントを交換し、笑い声を上げている生徒もいれば、真剣にプリントに見入っている生徒もいて、自分を見つめる時間になりました。

進路についておおまかに理解させる

　まずは、中学校卒業後の進路についてです。高校には普通科だけではなく、商業科や工業科など様々な選択肢があることを知らない1年生は多いものです。英語や美術など特定の分野を深める学科もあり、生徒は興味をもつことでしょう。5年間通う高等専門学校をロボコンで観て知っている生徒もいるかもしれません。卒業生を例に出して、様々な進路があることを丁寧に説明しましょう。

　また、職業選択についても触れましょう。医師や警察官など生徒も目にする職業について、どのような道のりでその職業に就くのかをイメージさせます。担任自身がなぜ、どのようにして教師になったのか、影響を与えた周囲の出来事は何だったかを語るのもいいでしょう。親しい人に、なぜ今の職業に就いたかを聞いてみるといった広げ方もあります。

☛ Check List
- □ 将来のことについて考える楽しさを感じさせられましたか。
- □ 進路に興味をもたせ、自分で調べようという意欲をもたせられましたか。

3年生を1年後の自分だと自覚させよう

　かつては3年生に送られてきた高校のパンフレットも、最近は2年生にも配ってくださいという高校が増えました。見学会も2年生も対象にする学校が増えてきました。3年生の次は、いよいよあなたたちの番です、という声が聞こえてくるようです。

　野球には「ネクストバッターズサークル」というものがあります。次に打席に入る選手がベンチから出て、打席に近い円の中で自分の出番を待つ場所です。そこで選手は、相手のピッチャーや、今まさに打席にいるバッターの奮闘を観察しながら、自分の出番に備えるのです。2年生は打席に入っている3年生を明日の我が身として、受験という相手に対峙して欲しいと思います。

3年生の1年間を追跡する

2年生では、3年生の進路への道のりを紹介するという方法で、進路選択への実感を深めることが大切です。

3年生は、春に進路に関する一年間の日程を手にします。そこには、入試や各種テスト、進路指導の学級活動や進路希望調査の提出日などが書かれています。この3年生用の日程を学級に掲示して、入試に関わる大事な日は「今日3年生は、進路先を決める面談の日です」とか、「今日のテストで3年生の義務教育のテストは終わりです」などと伝えましょう。いよいよ来年の今頃はあなたたちの番です、という思いを込めて。

部活動では、3年生が引退する際に、2年生が「自分も後1年で部活動を引退するのだな」と実感します。同じように進路においても、今の3年生に1年後の自分を重ね合わせていく取組です。

進路について具体的に知る

教室に市街図を掲示します。生徒と一緒に、近隣の高校に印を付けていきます。公立高と私立高を色分けしたり、試験日が同じ高校を同じ色にしたりと工夫します。そして、それぞれの高校に吹き出しを付けて、特徴を書き込んでいきます。「英文科は7時間目まで授業がある」「距離は遠いがバス一本で行けるので、通学時間は意外と短い」「野球部は強いが、部員が100人以上いてレギュラーへの道は険しい」といった感じです。こういった情報を通じて、高校はそれぞれ違う個性をもつことを知ることになります。

その上で、2年生でも参加できる説明会や、先輩のいる高校の文化祭などの行事にできれば保護者も一緒に参加して、先輩から話を聞くのです。自分から積極的に進路に関わっていく「進路の芽」を担任として育みましょう。

☞ Check List
☐ 進路選択の道のりをおおまかに理解させられましたか。
☐ 進路選択に向かって自分から行動を起こそうという思いを抱かせられましたか。

「あなたの決定を応援する」
生徒の自立に
エールを送ろう

　3年生になったら、皆が進路選択に積極的になるかといえば、残念ながらそうではありません。動き出すのが遅い生徒には、パンフレットや資料を読むこと、学校見学会や学校行事に参加してみることを勧めましょう。自分が受験する学校を、実際に見たことがあるのとないのとでは大違いですし、面接がある学校なら、見学会での体験が必ずプラスになります。

　進路設計は人生設計でもあります。生徒は今後の人生で、設計の変更を迫られることもあるでしょう。自分の人生に真摯に向かう姿勢を育むことは、目標に向かって勉学に励むことと同様に大切なことです。

「私が選んだ進路」を尊重する

　「先生、どこの高校だったら受かりますか？」「どうせお母さんは○○高校を受けさせてくれないだろうし……」という言葉が生徒の口から出ることがあります。そんなとき生徒は、不安や不満の表情を浮かべています。担任は、生徒の不安や不満を一度受け止めて、それを解消するためにするべきことを、生徒と一緒に考えます。普段の学習に力を入れること、生活習慣を改善すること、保護者とじっくり話し合うことなど、方法は人それぞれですが、担任が何度も繰り返して伝えたいのは、「自分の進路は自分が決めるものだ」ということです。

　高校へ進んだ生徒が、途中で進路変更をしたいと言い出したときに必ず出てくるのが「この学校は自分が決めたわけじゃない」という言葉です。自分の進路を自分で引き受ける覚悟なしに、受験し入学した結果であり、担任としては指導に対する反省とともに、残念な思いがします。3年間共に歩んできた生徒ではありますが、そこから先はもう一緒に歩んでいくわけにはいきません。担任は精一杯の支援を惜しみませんが、最後に選択するのは、自分自身であることを何度でも伝えてほしいと思います。

進路設計は人生設計である

　卒業した生徒が、高校卒業後の進路を報告にひょっこり中学校に現れることがあります。担任としては嬉しい瞬間です。生徒の誇らしげな顔を見ながら、互いに思い出すのは、中学時代の進路選択の苦闘です。生徒はこれから先、大人になっても、自分の手で人生を設計し、あるときは順風満帆の日々を送り、あるときは設計の変更を余儀なくされるでしょう。15歳の進路選択は、辛くとも実りあるものにしたいものです。

🖙 **Check List**
- □ 進路選択のためにできることは全て行ったと生徒が思えるよう支援しましたか。
- □ 生徒が「自分が決めた進路である」という覚悟をもつことができるよう支援しましたか。

17

1年間の総仕上げ

　各学年の年度末は、その年度の生徒の成長の跡を認める取組とともに、次の学年へ向けたステップアップのために何が必要なのかを考える重要な期間です。生徒自身が、自分に必要なものが何なのかを考えることで、春休みの位置付けも変わってきます。よりよい生徒の成長に向けて、確実なステップアップを図りましょう。

1年生 生徒一人一人の成長を認める

　1年間の振り返りは学級全体で行うものと、生徒との対話の中で行うものの2つを意識しましょう。進級に向けての心配や不安を軽減し、ポジティブなイメージで春休みに迎えるように配慮します。

準備すること

ふりかえり

2 年生 第3学年0学期と位置付ける

第2学年での成長の跡を認めながら、「理想的な最高学年」となるために、何が必要なのか考えさせましょう。2年生での課題を克服するための春休みを迎えられるようにします。

前年度からの申し送り	ふりかえり

3 年生 このクラスでよかったと実感させる

高校入試への不安と、卒業の寂しさの入り混じる時期です。生徒の不安定な心の揺れを受け止める広い心をもち、3年間の成長の跡を生徒とともにかみしめましょう。

前年度からの申し送り	ふりかえり

担任をした一人一人の生徒との対話の中で成長の跡を認めよう

　第1学年の年度末には、生徒の心には様々な思いが生まれています。初めて迎えるクラス替えへの期待と不安、自分は本当に成長しているのだろうかという戸惑いなどが入り混じっていることでしょう。

　年度末は、総仕上げとして1年間のふりかえりが行われます。学級担任として留意したいのは、学級全体の中で行うふりかえりとともに、生徒一人一人との対話の中で、1年間の成長の跡を認めているかという視点です。その際、まだ見ぬ後輩の存在を意識させることも効果的です。

一人一人の生徒と1年間を振り返る対話を行う

　学級活動などでの1年間のふりかえりでは、学級通信を用いて1年間

を振り返ることもあれば、デジタルカメラで撮影した画像や動画を編集するなどして振り返ることもあるでしょう。学級全員で1年間を振り返り、集団としての成長を自覚することが大切です。

　同時に、学級担任として大切なのは、一人一人の生徒に、個人としての成長を実感させることです。休憩時間や放課後などに生徒と話をするときに、さりげなく1年間の成長について話題にしてみてはどうでしょうか。「○○の行事で頑張っている△△さんのことが印象に残っている」などと話題にしてみるのです。学級全体の中でのふりかえりではなく、教師が一人一人の生徒と対話をする中で成長を認めることは、生徒にとって大きな意味をもちます。「担任の先生は、私のことを見ていてくれたんだ」と思うことは、生徒にとって、次の挑戦への原動力になります。ただし、全員の生徒と対話をするには時間がかかりますから、新年が明けた後あたりから、名簿にチェックをしながら少しずつ対話始めていくことが必要です。

新入生の存在を意識させ、中学生としての意識を高める

　第1学年の総仕上げとして大切なのは、進級に向けた意識付けです。その際、まだ見ぬ後輩の存在を意識させることが効果的です。「よき先輩となるために、今できることは何か?」などと問いかけるとよいでしょう。先輩となった自分を想像させることは、この1年間の自分を振り返ることにもなります。1年生の終わりに自分が課題としていることを克服して、4月を迎えるために声をかけていきましょう。

　進級に向けた不安などを軽くし、ポジティブなイメージをもって春休みを迎えられるよう、心を配りましょう。

▶ Check List

□一人一人の生徒と、1年間の成長について対話をすることができましたか。

□4月から「よき先輩」となるために必要なことを、生徒自身が考えるように言葉をかけましたか。

2年生

1年間の総仕上げ－2年生

第2学年の3学期を「第3学年0学期」と位置付けて学級経営を行おう

　第2学年の年度末は、最高学年である第3学年へ向けた意識付けを行う期間として重要です。「理想とする最高学年」という目標を掲げ、そこにたどり着くためには、何が必要で、自分に何が足りないのかを意識させることが大切です。ゴールと現状とを認識することで、生徒は「何をどうすればよいのか」を考え始めます。

　第2学年での成長の跡を認めながら、さらなるステップアップを図るために、春休みに自分が取り組むことを具体的に考えていけるよう、声かけを続けていきましょう。この時期に、進路選択に関する取組をスタートさせておくことも重要になります。

第３学年０学期の意識をもたせる

　２年生の年度末の指導として大切なのは、１年間の成長の跡を認めるとともに、３年生のスタートダッシュへ向けた指導を行うことです。４月になれば、入学式、新入生オリエンテーション、各種委員会での活動など、最高学年としての振る舞いが求められます。怒涛のように過ぎていく新学期にあっては、心構えや意識付けを十分に行う時間はとれないのかもしれません。

　そこで、２年生の３学期を、「第３学年の０学期」と位置付けた指導を行ってみてはどうでしょうか。実際、３学期に行われる「３年生を送る会」や「卒業式」などは、２年生が中心となって運営します。これらの行事の機会を捉えて、最高学年となるにふさわしい存在であるかを問うような指導を行うことが重要です。「これまで学校を引っ張ってきた３年生は卒業します。これからは、みなさんが学校の中心となるのです」と意識付けるのです。

春休みをステップアップへ向けた助走期間と位置付ける

　第２学年の３学期を、「第３学年の０学期」と意識付けると、春休みの位置付けが変わってきます。「よりよい３年生となるために、今、何ができるのか」について考えるように、言葉をかけることが大切になります。

　個人や学年として課題となっていることを明確にして、その克服を目指す期間が春休みだと意識させたいものです。「理想的な最高学年」を具体的に考えさせることで、自分に足りないものが意識できるようになります。

　２年生での成長の跡を認めながらも、さらなる高みを目指した取組を進めていくことが、何よりも重要です。

▶ Check List

☐ ２年生の３学期を、第３学年の０学期と位置付けた指導を行いましたか。

☐ 春休みに克服すべき課題を意識させて、学年の総仕上げを行いましたか。

「このクラスでよかった」 という喜びを 分かち合えるように

　3年生の3学期は、特別な意味をもつ時期です。高校入試、卒業式など、中学校生活を振り返ったときに必ず登場する大きな行事があります。

　この時期の学級担任として重要なのは、進路等に向けた生徒の不安な気持ちを受け止める広い心をもつことと、3年間の足跡を振り返って、「このクラスは珠玉の集団である」と生徒に感じさせることです。これまで受けもった生徒の具体的な姿を話すなどして進路等へのモチベーションを高め、この学級だからこそ出会えた友達に感謝できる時間を確保しながら、15の春を迎えさせたいものです。

成長の跡を認めつつ、ラストスパートでさらに高みを目指す

　冬休みが終わり、卒業式までのカウントダウンが始まると、生徒の心の中に、別れへの寂しさがこみあげてきます。また、進路等に対する不安に襲われる日々も続きます。勉強が手につかなくなったり、感情が不安定になったりする時期でもあります。そんなときこそ、学級が生徒の安心できる居場所であることが何よりも大切です。

　この時期の学級担任に必要なことは、生徒の不安定な心の揺れを受け止める心のゆとりをもつことです。そして、ラストスパートへの取組を行うことです。

　学級活動などでは、これまで担任した生徒の事例を、ゆっくりと語りかける時間を取りましょう。不安な日々の中であっても、学級の仲間と切磋琢磨することで、さらに高みを目指せると意識させることが重要です。

卒業式を、忘れられない15の春とするために

　中学校の卒業式は、生徒の人生の中で大きな意味をもつ日になります。生徒は、義務教育を修了して自分で選択した道へ一歩を踏み出します。学校生活をともにしてきたクラスメイトとの別れが迫ると、様々な思いが生徒の心の中に去来します。

　3年間の総仕上げとして大切なのは、「このクラスでよかった」という思いが、生徒の中で大きくなることです。3年間の足跡を、デジタルカメラの画像や動画などを編集して、クラス全員で振り返る時間をもちたいものです。「このクラスがなかったら、お互いの人生がクロスすることはなかった。クラスメイトとの出会いに感謝したい」という思いを生徒がもってくれたら、教師としてこれに勝る喜びはありません。

▶ Check List

□卒業までのラストスパートで、さらに高みを目指すための助言をすることができましたか。

□卒業式を、忘れられない15の春とするために、3年間の足跡を振り返る取組を行いましたか。

18

卒業式

　卒業式は、言うまでもなく重要な学校行事の一つです。その日、主役である３年生はそれまでで最も立派な姿を見せてくれます。ただし、それは３年間の指導があってのことであり、教師はこの一日のためにがんばるのだという人がいるぐらいです。１年生、２年生も卒業式に参加する場合は、やはり立派な姿を見せてくれます。どの学年に成長の大きな節目となる行事なのです。

1年生 先輩の姿から 自分の在りたい姿を描かせる

３年生の姿から、中学校における卒業の意味に気付かせ、卒業を祝う活動を中心となって進める２年生の先輩たちの姿から、どのような「先輩」になりたいかを考えさせましょう。

準備すること	ふりかえり

2 年生 バトンを受け取り 心をこめて先輩を送る

卒業を祝う企画や卒業式の準備に気概をもって取り組ませ、3年生への感謝を伝える機会にするとともに、伝統を引き継ぐ覚悟をもたせましょう。

前年度からの申し送り

ふりかえり

3 年生 3年間に感謝し 最高の1日にする

生徒一人一人が最高の姿で卒業できるよう、細部にわたって目配り心配りをしましょう。最後に贈る言葉はあらかじめ考えておき、心を込めて伝えましょう。

前年度からの申し送り

ふりかえり

先輩の姿から
自分の在りたい姿を
イメージさせよう

　卒業時の自分を、入学時に描かせようとしても漠然としてうまく浮かばないでしょう。ついこの前小学校を卒業し、中学校生活に慣れるのに精一杯で、中学校の卒業式を見たことのない生徒も多いからです。

　3月、1年間共に過ごした先輩の卒業に際し、ようやく自分も2年後にここを卒業するのだということが実感できるようです。このタイミングで2年後の自分を描き、文章に書かせてみましょう。さらに、2年生の姿もよく見ておくよう指導し、来年は自分たちが中心となって卒業を祝うのだという自覚を促しておくことが重要です。

中学校における卒業の意味を考えさせる

　1年生にとっては初めての中学校の卒業式です。義務教育を終えること、それぞれの進路に進むために友達と別れ別れになることなど小学校

のそれとの違いについて気付かせます。その上で、憧れの先輩たちの卒業をどのように祝うのかを語り合います。一方で、一か月後には自分たちも先輩となります。そのことも意識させながら、卒業する３年生の姿から先輩の在り方を考えさせましょう。

２年後の自分を描いて言葉にさせておく

　知っている先輩が卒業するときに初めて、自分も２年後には卒業するのだと実感できます。卒業するときはどれぐらい成長し、どんな思いになっているだろう、後輩にはどう思われているだろうか、涙は流すだろうか、進路は決まっているだろうかなど、様々な想像を巡らすことでしょう。そこで２年後の自分への誓いや手紙などを書かせます。２年生の同じ時期に一度読み返し、新たな思いを書き加えてもいいでしょう。

２年生の姿を目に焼き付けておくよう指導する

　１年後には、現在２年生の先輩が卒業します。そのとき在校生の中心になるのが自分たちであることをよく話し、２年生がどのような気持ちでどのような活動をどのように進めているのかをよく見ておくように指導します。入学したときには、大人っぽい３年生に比べて２年生は若干頼りなく映ったかもしれませんが、２年生はこの時期、急に自覚が高まります。ともに卒業を祝う活動を進めていく中で、２年生の働きぶりをよく見せておくことが大切です。

　新学期には自分たちも後輩ができ、先輩としての振る舞いをしなければという自覚が高まります。

🖋 Check List
- ☐ 小学校の卒業式とどう違うのかを考えさせましたか。
- ☐ ２年生と３年生の姿をよく見て、在りたい先輩像を具体的に描くことができましたか。
- ☐ ２年後の卒業する自分を想像し、頑張っていこうとする目標を立てることができましたか。

先輩にバトンを引き継ぐ
覚悟とこれまでの感謝を
伝えさせよう

　昨今は「卒業を祝う会」が割愛される傾向にありますが、厳粛な卒業式とは異なるねらいをもった行事として価値のあるものです。2年生には何らかの形で卒業に関する企画をさせたいところです。それは、4月からは自分たちが学校のリーダーとして頑張っていく覚悟を育てることにつながります。

　また、卒業式を立派に執り行う縁の下の力持ちとして、式の準備などに誇りと自覚をもって取り組ませたいものです。卒業式成功の鍵は2年生が握ることを伝えます。

卒業を祝う会を企画・実行させる

　卒業を祝ったり感謝を示したりする活動として、比較的簡単に行えるのは、感謝や応援のメッセージを書いて送る活動です。一人一人に渡すと一層効果的です。有志を募って企画させましょう。また、次のようなものも考えられます。1年生が参加することも考えられます。

　　○委員会単位で企画・実行する活動
　　　・放送委員会「思い出インタビュー」
　　　・図書委員会「先輩に贈る詩、短歌、名言等の掲示」
　　○部活動単位で企画・実行する活動
　　　・合唱部や吹奏楽部「メッセージ付き曲のプレゼント」
　　　・ダンス部や演劇部「ダンス・寸劇」自由参加

卒業式の準備に気概をもって取り組ませる

　祝福と感謝を示すという目的を明確にもたせて、式の準備や校内外の清掃などに取り組ませます。積極的に仕事を見付けながら心を込めて実行させます。それは一年後に自分たちが卒業する際、後輩の思いを受け止めたり感謝したりするための素地になります。

2年生の力で卒業式を成功させる

　学校の状況により様々ですが、2年生が卒業式に参列することも多いでしょう。式で歌う歌、壇上で話される人の話を聞く態度、証書の授与を見る態度、拍手などに、どのような思いを込めるか、各自で考えさせたり学級で話し合わせたりすることで卒業式の意味を考えさせることが大切です。そして、式の片付けまでやり遂げた後には、大いに褒め、卒業生に代わって感謝を伝え、「次はあなたがたの番です。素敵な卒業式を迎えましょう」と熱いエールを送りましょう。

▮➡ Check List
　　□生徒には、在校生のリーダーとしての自覚が育っていますか。
　　□生徒が企画している活動は、自分たちで実行可能なものですか。
　　□生徒は、学校のバトンを引き継ぐ覚悟をもつことができましたか。

最高の姿で卒業させよう

　4月、3年担任になった教師は誰もが、いい卒業式を迎えたいと願います。しかし実際には、同じ時期に進路指導も大詰めを迎え、担任として一層計画的に学級活動をマネジメントする必要があります。特に卒業式の練習は、進路決定後に行われることも多いため、卒業式の意味を生徒自身がしっかり自覚するよう、意識を高める指示を行う必要があります。また、不登校の生徒への対応も考えておきます。

　担任として保護者や周囲の先生方への感謝も忘れないようにしましょう。

式の指導では各自に最高の姿を求める

　次のような事柄が、厳粛な式を行う上で大切であることをしっかり理解させます。また卒業式は、保護者の方に、立派に成長した姿を見てい

ただく場だということも強調しましょう。
　　・卒業証書の受け取り方（返事や礼など）。
　　・入場、退場の仕方（歩くスピード、手の振り、表情など）。
　　・起立や着席のタイミング。
　　・当日の服装や頭髪、持ち物、登校時刻。など
　　・答辞などの役割。

お世話になった方々に感謝の気持ちをもたせる

　タイムカプセル、20歳の自分への手紙など、自分たちに向けた活動も多く行われると思いますが、お世話になった方々に感謝を伝えることもとても大切です。一人一人の家庭環境に配慮しつつ、例えば家族に感謝の手紙を書く、お世話になった方々にお礼を述べるなどが考えられます。人生の節目にあたって、感謝を言葉にして伝えること、その大切さを卒業する生徒に改めて教えたいものです。全員の生徒に、その大切さを実感させることができるのが学校という場所です。

巣立つ生徒に、担任だからこそかけられる言葉を用意する

　卒業証書授与の呼名は一人一人と心を通わす大切な仕事です。精一杯、心をこめて名前を呼びましょう。きっと生徒も精一杯返事を返してくれるに違いありません。また、門出に際しては、学級の生徒一人一人にどのような言葉を贈るのか考えておきましょう。時間が許せば一人一人に声をかけたり、メッセージカードなどで伝えたりするのもよいでしょう。「新しい世界に向かって全力で頑張りなさい。どうしてもくじけそうになったときは、一人で悩まず、新しくできた友達や中学校の仲間、先生を思い出しなさい。これからの未来はあなたがたが創るのです」など、未来へ向けて夢をもてる声かけを忘れずに行いましょう。

☛ Check List
　□家族やお世話になった方々に感謝を伝えさせる方法を考え実行しましたか。
　□卒業式での呼名と返事とで一人一人と心を通わすことができましたか。

通知表

作成目的を理解する

通知表は、学校が生徒の学習や生活の状況を記録し、生徒本人と保護者に通知するための書類です。つまり、保護者の理解や協力が得られないような書き方は絶対に避けなければなりません。

所見にはいいところを。でも嘘は御法度。

近年は、所見を省略している学校も見られますが、保護者の中には所見を楽しみにされている方もいます。また普段担任がどのように我が子を見ているかをシビアな目で評価する方もいます。注目度は高いと言えます。原則として、所見には生徒のよいところを書き、改善点は三者面談等で直接伝えるのがよいでしょう。以下は、3年生の一学期の所見例です。

「生活委員として、的確に清掃の指示を出してくれました。真面目な中にもユーモアがあり、周りの友達に信頼されています。学校面ではどの教科の授業にも意欲的に臨み、着実に力を付けることができています。特に国語でのスピーチは見事で、大きな拍手をもらっていました。サッカー部の練習などで夏休みも忙しいと思いますが、自分の進路についてしっかり考える時間もとりましょう。充実した時間になるよう計画的に過ごしてください。」

成績の問い合わせには基本的に対面で、真摯に対応する

学校には様々な問い合わせがきますが、成績についての問い合わせは、その多くが通知表の評価に対する疑問です。進路に関わる繊細な内容ということもあり、保護者の多くは少なからず不満をもって連絡してきます。その際は一旦引き取って、きちんと説明資料を用意した上で対応するようにします。軽はずみに答えてはいけません。できれば、生徒と保護者に来校してもらい、学年主任、担任、必要に応じて教科担任同席のもとで説明するのがよいでしょう。用意した資料を用いて観点ごとに丁寧に説明を行います。その上で、どう努力すればさらに学力を向上させることができるのかを一緒に考え、具体的に提案することが大切です。

SOS！待ったなしの学級経営

第2章

1 不登校や発達障害など特別な支援が必要な生徒への対応

1 不登校の定義と現状

☛POINT
- ■「不登校」の定義を理解し、関連する法令の内容を確認しましょう。
- ■自校の現状と課題を把握しましょう。

　文部科学省では、「不登校児童生徒」とは、「何らかの心理的、情緒的、身体的あるいは社会的要因・背景により、登校しないあるいはしたくともできない状況にあるために年間30日以上欠席した者のうち、病気や経済的な理由による者を除いたもの」（資料：不登校の現状に関する認識）と定義しています。この定義をまずしっかりと押さえましょう。

　なお、関連する法令としては、平成28（2016）年に公布された「義務教育の段階における普通教育に相当する教育の機会の確保等に関する法律」があります。確認しておきましょう。

不登校の実態から解決策を探る
　「平成29年度児童生徒の問題行動・不登校等生徒指導上の諸課題に関する調査結果」（平成30年10月25日）によると、中学校の不登校生徒は全体の3.2%で、一学級に一人は不登校の生徒がいることになります。不登校生徒の在籍学校数は87.3%にも及びます。また不登校児童生徒数は平成25年度から年々増えてきています（2.7→2.8→2.8→3.0→3.3%）。不登校の要因ですが、本人に係る要因としては高いものから「不安（32.1%）」、「無気力（30.6%）」、「学校における人間関係（17.7%）」となっており、「不安」の生徒は「進路に係る不安（49.5%）」を、「無気力」の生徒は「学業の不振（44.2%）」を、「学校における人間関係」の生徒は「いじめ（77.5%）」を主な理由と捉えているようです（複数回答可）。一方「指導の結果登校する又はできるようになった生徒」は25.4%です。

さて、みなさんの学校はどうでしょうか。このような事実を正確に把握し、自校の現状と課題を把握する際の手掛かりにしましょう。継続して「必要な支援」を行っていくことが極めて重要です。

なお、いじめに関しては「いじめ防止対策推進法」に基づいて毅然とした対応をとってください。

2 不登校生徒への学年別アプローチ

☞POINT
- ■学級づくりの5原則を理解しましょう。
- ■各学年の特徴を捉えて、不登校生徒へのアプローチを変えましょう。

学級づくりの5原則！

令和元年10月25日に文部科学省から通知された「不登校児童生徒への支援の在り方について」には、不登校への支援を含めた学校づくりの5原則が示されていますが、これはそのまま、学級経営にも応用することができます。

① 魅力あるよりよい学級づくり：帰属感と安心感のある、魅力ある学級づくりを目指す。

② いじめ、暴力行為等問題行動を許さない学級づくり：問題行動を許さず毅然とした対応ができる。教職員の不適切な言動も許されない。

③ 生徒の学習状況等に応じた指導・配慮の実施：学習面でのつまずきを見逃さず、個に応じたサポートをすることができる。

④ 保護者等との連携・協力体制の構築：学校と家庭等との連携・協働体制をつくる。

⑤ 将来の社会的自立に向けた生活習慣づくり：生徒が主体的に生活をコントロールする力を身に付けるような取組を日常的に行う。

不登校は学校全体で考えていく課題です。学級担任としては自分の学級の生徒の状況を捉え、丁寧な生徒指導を心掛けましょう。なお、学年主任や管理職への報告は必須です。

1 不登校や発達障害など特別な支援が必要な生徒への対応

1年生の場合──長期化させない、様子を見ない

　1年生で不登校の傾向が出始めたら、即刻組織的に対策を講じましょう。

□人間関係：本人がいじめと感じたらそれはいじめ。毅然とした態度で指導。疎外感を覚えているならチームづくりの取組を。

□部活動：部活が合わないなら辞めても構わない。顧問の指導が不適切なら勇気をもって具申する。それが無理なら管理職から。

□学習：中学校になってつまずいているなら、早めに補習などで個別支援を。自分でもできるという自信をもてるように。

2年生の場合──その生徒だけではない、安心できない何かがある

　2年生になりクラス替えをしたことによって不登校傾向になる生徒がいます。その場合には、学級に安心できない何かがあると自覚しましょう。陰で悪口を言う生徒がいる、小学校段階からのトラブルを抱えている、場合によっては担任のやり方に安心できないのかもしれません。長期化する前に生徒や保護者の話を聞き、要因を取り除いて、生徒の安心感が高まるように努めましょう。

　1年生から不登校が続いている場合は、教育支援センター、民間施設、ICTの学習支援などの教育機会があることも伝えましょう。ただし、学校から見放されたと勘違いする生徒や保護者もいますので十分な配慮が必要です。指導要録上の出欠の取扱い方も確認が必要です。

3年生の場合──進路選択をきっかけに、何よりも学習支援を

　3年生で不登校になる生徒の特徴は、進路選択への漠然としたプレッシャーを感じています。その場合、具体的に動くことが大切です。学校説明会に行ったり、文化祭を見に行ったりして、目標とする進学先を探すことで落ち着いてくることがあります。一方、3年生になって登校を始める生徒もいます。その際はプリントを渡したり、補習の機会を設け、学力面でのサポートをしていきましょう。学習ができるようになると、自己肯定感も高まり、進路も具体的に見えてきます。

3 発達障害など特別な支援が必要な 生徒の定義と現状

☛POINT

■「発達障害」の定義と主な発達障害の分類を確認しましょう。
■自校の現状と課題を把握しましょう。

　平成28年に最終改正された「発達障害者支援法」によると、「発達障害」とは、「自閉症、アスペルガー症候群その他の広汎性発達障害、学習障害、注意欠陥多動性障害その他これに類する脳機能の障害であってその症状が通常低年齢において発現するものとして政令で定めるものをいう」と定義されています。

　主な発達障害の分類と特徴は、次のように整理することができます。

□自閉症：他人との社会的関係の形成の困難さ、言葉の発達の遅れ、興味や関心が狭く特定のものにこだわることを特徴とする。

□高機能自閉症：自閉症のうち、知的な発達の遅れを伴わないもの。

□アスペルガー症候群：知的な発達の遅れを伴わず、かつ自閉症の言葉の発達の遅れも伴わないもの。他人との社会的関係の形成の困難さ、興味や関心が狭く特定のものにこだわる。

□学習障害：学習に必要な基礎的な能力のうち、一つもしくは複数の特定の能力をなかなか習得できなかったり、うまく発揮することができなかったりする。

□注意欠陥多動性障害：身の回りの特定のものに意識を集中させる脳の働きである注意力に様々な問題があったり、衝動的で落ち着きのない行動をとってしまったりする。

　このように読んでいくと、皆さんの学級にも思い当たる生徒がいるのではないでしょうか。特にアスペルガー症候群、学習障害、注意欠陥多動性障害は見逃されやすい障害です。「単に学習が遅れているだけ」「本人の努力不足」「自分勝手な行動をしている」などと判断されてしまうことが多いので、まず私たちの認識を改め、慎重に見極めていく必要があります。

4 こんなときどうする？Q＆A

☛POINT

■発達障害の特徴に応じたアプローチの方法を考えましょう。

Q、友だちとの距離感がわからなくて何度もトラブルになってしまう
　生徒がいるのですが、どんな風に指導したらよいですか？

A、ロールプレイで相手の立場に実際に立たせてみましょう。

　このような生徒は、他人と関係をつくることに困難さを抱えています。そのため、「あの子の気持ちになってごらん」とアプローチをしても理解に至ることが難しいですし、その生徒には指導されたのにできないという経験ばかりが積まれてしまうので逆効果です。そこでおすすめなのがロールプレイです。担任がその生徒の役、その生徒が相手役をやることで、実際の状況を体感させることができます。自分が身をもって感じたことは継続して覚えていられることが多いので、機を捉えてスキルトレーニングをして、人間関係のつくり方を学ばせましょう。

Q、どんなにアドバイスをして時間をかけても作文を書くことができ
　ないのですが、有効な方法はありますか？

A、「書き出しの手引き」で視覚的に支援をしてみましょう。

　その生徒の場合は、書く領域に困難さがあると思われます。アドバイスを受けても、それをどういう言葉で表現したらいいのか思い付かないのではないでしょうか。また困難な領域が複数ある場合、聞くことも難しいことがあります。具体的な手立てとして、例えば、「書き出しの手引き」を使うのが効果的です。作文のテーマに合った書き出しの一文を複数個用意し、そこから選ばせます。視覚的な支援があることで、その先を推測することができるようになり、自分で書けたという自信をもつことにもつながるでしょう。

Q、何回言っても発問を最後まで聞かずに途中で答えてしまい、周囲
　から疎まれてしまう生徒がいます。どうしたらよいでしょうか?
A、生徒とルールを決め、自分をコントロールする方法を模索させま
しょう。

　衝動的にしたいことをしてしまう傾向にある生徒の場合、まず発言
のルール理解できているのか、分かっているのに行動してしまうのか、
など生徒がどのような状況にあるのかを把握しましょう。その上で、
必ず挙手して発言することを約束しましょう。聴覚よりも視覚の方が
理解しやすいときは、発言カードなどを個別に用意し、発言のたびに
裏返すなどして、目視できるようにするのも効果的です。自制できる
ようになると、あるいは自制をこころがけていることが分かれば周囲
も受け入れてくれるようになるでしょう。

Q、進路選択にあたって留意すべきことはありますか?
A、その生徒が学べる環境かどうかを十分に見極めましょう。

　上級学校選びは細心の注意が必要です。本人だけでなく、保護者と
よく相談をして、その生徒の特性に合った環境かどうかを吟味する必
要があります。そのためには文化祭など特別な行事だけでなく、体験
授業や授業参観など日常の授業風景を見ておくことです。上級学校の
内容はその生徒に合っているか、生徒たちはどのように学んでいるか
を実際に見ることで、自分がそこに適応できるかを判断させます。部
活動があるか、制服が気に入るかなどのこだわりだけで決めてしまう
ことも多いので、三者面談などの機会に丁寧に確認して適切な進路選
択を行いましょう。

2 保護者対応

1 日頃から誠実に対応する

☛POINT
- 保護者対応の基本は、日頃から丁寧で誠実な対応を心がけましょう。その積み重ねが、保護者との信頼関係を生みます。
- 教師は、保護者との間に一定の距離を保ちましょう。特定の保護者と親しいなど、誤解を与える行為は慎む必要があります。

　学校現場の教師の業務の中で、近年、重要性を増しているのは、保護者への対応についてです。「モンスターペアレンツ」の話題がメディアで取り上げられることも記憶に新しいところです。生徒のよりよい成長のためには、学校と保護者とが同じ方向で生徒と向き合うことが不可欠です。保護者に学級経営や生徒指導の方針等について理解してもらうことが大切です。

　保護者の対応をする機会は、家庭訪問や生徒指導等で学校に足を運んでいただいて話をする場面だけではありません。電話での問い合わせや、運動会や文化祭などの学校行事に来校された際、学級懇談会やPTAの行事の際など多くあります。では、保護者対応で留意しなければならないのは、どのようなことでしょうか。

日頃より丁寧で誠実な対応をすること

　保護者との対応で重要なのは、特別な問題が起きたときだけでなく、普段から誠実な対応を積み重ねることです。

　例えば、保護者から電話での問い合わせがあったとき、教師は社会的なマナーを踏まえて対応しているでしょうか。具体的には、言葉遣いだけでなく、会話をするときの相槌の打ち方、話が終わった後の受話器の置き方など、ビジネスマナーを踏まえて対応することが大切です。「学校現場の常識は、社会の非常識」と言われることがあります。教師は、書籍やインターネットを通じて接遇を学ぶことも必要です。

誠実な対応としてもう一つ重要なのが、即時対応を行っているかという視点です。例えば、職員室の机上に、保護者から電話があったとのメモが置かれていたとします。授業が詰まっている場合など、何の対応もせぬまま、放課後に電話をかけることはないでしょうか。忙しさを理由に、対応を後回しにしてはいけません。保護者は、喫緊に確認したいことがあるから学校に電話をしてきているのです。業務が詰まっている場合には「この後、授業が入っていますので、○○時にお電話してよろしいでしょうか」と保護者に一報することが重要です。電話をかける時間すらない場合については、授業が空いている教師に「○○さんの保護者に電話して、問い合わせの内容と、○○時ごろに折り返しの電話をかけてもいいか確認してもらえますか」と依頼するなどの方法が考えられます。

　即時対応をすると、保護者からの電話を何度も受ける状態を避けることができます。何より「忙しい中でも、先生は対応してくれている」という安心感を生むことにつながります。こうした日常の丁寧で誠実な対応が、保護者との信頼関係を築いていくのです。

どの保護者にも同じ態度で接する

　生徒と同様に、教師に積極的に声をかけてくる保護者もいれば、そうでない保護者もいます。例えば、学級や学年の懇談会の後に、保護者から相談を受けたり、ときには談笑したりする場合もあるでしょう。こういった際に注意しておきたいのは、一部の保護者と親しく接していると誤解されないように努めることです。特定の保護者と長い時間話をしたり、必要以上に親密だとみられたりするような行為は慎まなければなりません。教師は、保護者との間に一定の距離を保ち、どの保護者にも同じ態度で接する必要があります。教師が保護者の対応をしているとき、その周りには、教師の所作を冷静に観察している別の保護者がいることを忘れてはいけません。

2 家庭訪問や学校での対応は 複数の教師で行う

☞POINT
- ■ 保護者と直接話をする場合には、対応方法について校内で事前に協議し、複数の教師で保護者と話をしましょう。
- ■ 保護者には、事実関係を正確に伝えましょう。そして、小さなことでも管理職に報告しましょう。

1　　　　　　　2　　　　　　　3

①複数の教師での事前協議を行う　②学校や家庭で、複数の教師が保護者と話す　③上司に報告する

　保護者と直接話をする必要がある場合、家庭訪問を行ったり、保護者に学校へ来ていただいたりすることがあります。どのような準備をして、どのように対応すればよいのでしょうか。

事前にどのように対応するのかについての協議をしておく

　保護者と直接話をする場合については、事前に、学年主任や生徒指導担当などと連携して、対応の仕方を協議しておくことが必要です。事案によっては、養護教諭やスクールカウンセラー、管理職とも事前協議をする必要があります。学級担任が一人で対応するのではなく、

学校として対応する意識をもつことが必要です。学級担任の一言は、一個人の発言ではなく、学校としての発言となります。

　事前協議をする際に大切なのは、学級担任が知り得ている情報を隠すことなく協議のテーブルに乗せることです。学級担任にとって都合の悪い情報も含めて協議することで、よりよい対応方法を考えることができます。

　なお、家庭訪問や学校での保護者対応は、複数の教師で行うのが原則です。後日、「あのときこう言ったじゃないか」、「家庭訪問のときにそんなことは確認していない」などとトラブルにならないようにするために、何をどのように話をしたのかを複数の教師同士で確認しておくことが重要です。

教師の思いではなく、事実関係を正確に伝えるようにする

　保護者と直接話をするときに大切なのは、教師の思いを伝えることではありません。学校で起こっていること、これまでの取組の状況などの事実関係を正確に伝えることです。

　保護者は、生徒から様々な情報を耳にしています。保護者のもっている情報と、教師が踏まえている情報とに違いがあると、建設的な話はできません。まずは、事実関係を話し、保護者との共通理解を図るように努めることが大切です。学校と保護者との間の認識が一致することで、生徒への対応を具体的に考えることができるのです。

　ときに、学級担任では判断がつかないことを問われることがあるかもしれません。そういった場合は、「私では判断がつかないので、上司と相談の上、回答します」とごまかさずに答えることが必要です。学級担任の回答が二転三転すると信頼を失うだけでなく、生徒へ悪影響を与える場合が多くあります。

　保護者対応を行った後は、些細なことでも上司や学年主任、生徒指導主事に報告し、今後の取組について確認するとともに、話をした内容を記録に残しておくことが極めて重要です。日時、対応した教師名、保護者の反応等、保護者対応用のノートを作っておくとよいでしょう。

2 保護者対応

3 保護者とトラブルになったときには

☞POINT

- 保護者のクレームに対応する場合は、保護者が苦情を述べるに至った経緯と、学校に何を求めているのかを正確に把握しましょう。
- 一人一人の生徒のよりよい成長を願う保護者の思いがあることを忘れないようにしましょう。

保護者とのトラブルに発展してしまった場合には、決して学級担任が一人で抱え込んではいけません。学年主任や生徒指導担任、ときには管理者も交えて、保護者への対応について協議をすることが重要です。トラブルになっている訳ですから、保護者が感情的になっている場合もあります。個人で対応するのではなく、学校という組織として冷静に対応することが何よりも大切です。

必ず複数の教師で対応する

保護者が何を求めているのかを冷静に把握する

学級担任から見れば、感情的になっている保護者であっても、保護者の側から見れば事情が異なります。保護者には保護者なりの、学校への苦情を述べるに至った経緯があります。まずは、保護者の話を聞き、今日にいたるまでの経緯を把握することが必要です。

保護者の話を聞く中で、学級担任が確認しないといけないのは、「保護者が根拠としている情報が事実関係に基づいているのか」「保護者が学校に何を求めているのか」についてです。保護者の話を冷静に聞き、

根拠としている情報が事実関係に基づいているのかどうなのかの判断をすることが大切です。

　事実関係に基づいていなければ、保護者の話を聞き終わった後や話の切れ目に、冷静に毅然とした態度で説明をすることが重要です。一区切りついた段階で、「今のお話の中の〇〇については、私たちが把握しているものと異なる部分がありますので、こちらから話をしてもよろしいでしょうか」などのように切り出し、事実確認をしながらコンセンサスを得ることが大切です。

　保護者が多くのことを学校に求めてくる場合は、「根本的な要求は何なのか」を把握するように努める必要があります。あれもこれもと話をするのではなく、教師には、論点を整理する役割が求められます。

　ときに、学校が対応できない要求を求められる場合もあるかもしれません。そのような場合には、「上司に確認し、後日改めて連絡します」などの言葉で、その日の話を一旦ひきとることも一つの方法です。

保護者を味方に

　一度トラブルになった保護者とは、なかなか話しづらいものですが、きっと保護者も同じ思いをもっているのではないでしょうか。一度トラブルになった保護者だからこそ、授業参観や学校行事などの機会を捉えて、こちらから、あいさつや言葉を積極的に投げかけてみましょう。もちろん、保護者にかける言葉には細心の注意を払う必要があります。学校と保護者が一緒になって生徒を育てることを忘れてはいけません。学校の教育活動をよりよいものにするためには、保護者の協力が不可欠です。生徒たちの背後には、保護者の多くの思いがあることを忘れずに教育活動にあたることが、何よりも大切なことです。

3 スマートフォンの持たせ方／SNSの利用について

1 今の中学生の実態を把握し、生徒理解に役立てる

☞POINT
■厚生労働省、内閣府の資料から中学生の実態を確認しましょう。
■指導や支援が必要な生徒を把握しましょう。

中学生の実態を把握する

　ここでは、青少年の実態について、二つの資料から概要を紹介します。まず、2018年の内閣府の調査によると、中学生の平日一日当たりのインターネット利用時間は164分で、2時間以上利用する生徒の割合は61％に上ります。インターネットを利用している機器としてはスマートフォンが圧倒的多数派で、携帯ゲーム機やタブレットがこれに続きます。

病的なスマホ利用者になっていないかどうか、生徒自身に考えさせましょう

　内容の内訳は、動画視聴（81％）、ゲーム（74％）、コミュニケーション（68％）が上位を占めます。一方、保護者への調査で、「大人の目の届く範囲で使わせている」「使用する際に時間や場所を指定している」との回答は4割程度です。また、インターネットに関する家庭のルールについて、中学生の保護者の8割がルールを決めていると回答しているのに対し、生徒の回答は6割程度です。保護者はルールを決めていると思っているのに、生徒は思っていない場合が2割程度いるわけです。

　2017年の厚生労働省の報告では、インターネットの過剰利用につい

て、12.4％の中学生が病的使用者だと推測しています。これは、8人に
1人が該当するということになりますので、学級に数人いることにな
ります。実に5年前の2倍の数字です。特徴として、「意図した時間よ
り長時間の使用」「インターネットをすることを待ち望む」「時間を減
らしたり、やめることに失敗する」などの頻度が高いことが上げられ
ます。付随して発生する問題としては、「成績低下」「授業中の居眠り」
が多く、「友達とのトラブル」「遅刻」が続いています。

学校内、学級内の実態を把握する

　全国の実態をつかんだ上で、校内に目を向けましょう。学級の中に、
動画視聴やゲームの影響で成績が低下している生徒がいるかもしれませ
せん。あるいは、生徒同士のSNSでのやり取りが、寝不足や友達との
トラブルの原因になっているかもしれません。もちろん、まったく利
用していない生徒もいることでしょう。ネットの利用については、保
健室や生徒指導の係が、実態把握のためのアンケートや聞き取り調査
をしているはずです。学級内の個々の生徒の実態を把握し、指導や支
援をすることに役立ててください。その際は、生徒と保護者の認識に
差があることも覚えておいてください。保護者と話す機会に情報収集
することが大切です。最新の情報を得て指導にあたりましょう。

　なお、ここでは、二つの調査の概要を示しましたが、ぜひ、資料の
全体に目を通してみてください。

・内閣府の調査

https://www8.cao.go.jp/youth/youth-harm/chousa/net-jittai_list.html

内閣府の調査は毎年行われていますので、経年の変化にも着目しましょ
う。

・厚生労働省の資料

https://mhlw-grants.niph.go.jp/niph/search/NIDD00.
do?resrchNum=201709021A

2 生徒の悩みや不安に寄り添う

☞POINT
- ■生徒の悩みを聞き、改善策を一緒に考えましょう。生徒自身が何をどう改善するかに気付くことが大切です。
- ■保護者や周囲の協力を得ましょう。根気強く指導することが大切です。

　生徒の悩みは、本人自身の問題と対人関係の問題に分けて考えることができます。まずは問題を明らかにし、改善の方法を生徒と一緒に考えていきましょう。

問題を明らかにし改善策を考える
（本人自身に関すること）

　はじめに本人自身の問題についてです。まず、長時間の使用による問題です。生徒がスマホを使用する時間は年々増加し、成績低下や遅刻、昼夜逆転や引きこもりなどの原因になっています。また、ゲームなどに多額のお金を費やし、他人のお金に手を付けたり、家族の持ち物を内緒で売り払うといったりすることも起こっています。

スマホとどうつき合っているのかを語らせ、改善策を一緒に考えます

他にも著作権を侵害するような不適切サイトへのアクセスの問題などがあります。

　さて、これらを改善するにはどうしたらよいでしょうか。本来はスマホを持たせる際に親子で時間をかけて話し合い、しっかりとルールを決めて、適切にスマホが使われていることが望ましいのです。しかし、問題が顕在化した時点で、決められたルールはほとんど守られて

いないのが現実です。ここで保護者が生徒の意向を無視して、急にスマホを取り上げても、大概はよい結果を生みません。

　では、担任はどのように支援をしていけばよいでしょうか。まずは、生徒の悩みや不安に寄り添いましょう。その上で、生徒自身がどうしたいのかを語らせましょう。本人にも、スマホを手放したくない思いとともにこのままではいけないという意識があります。そこで、現時点で守られていないルールを一つでもいいので、守れるように具体的に支援していきましょう。例えば起床時間や就寝時間を本人に決めさせることは、比較的取り組みやすく明快なルールのため、お互い確認もしやすいです。まず、生活のリズムを立て直すことがスタート地点です。保護者とも定期的に連絡を取り、学校と家の様子を伝え合いましょう。過去の失敗を責めるのではなく、今後の生活の立て直しに焦点を当てていくことが大切です。。

問題を明らかにし改善策を考える（対人関係に関すること）

　もう一つは対人関係の問題です。SNS上で他人の悪口を言ったり、友達をグループから強制退出させたり、個人情報を勝手に公開したりするなどの問題があります。これらの問題には、学級では収まりきらない、学年や部活動など広い範囲の生徒が関わっていることが多いものです。担任一人の手では解決できないことが多いので、学校体制で指導に臨みましょう。周辺の生徒からも事情を聴取し、事実関係をしっかり把握した上で、指導に当たります。スマホがいじめなどの道具になっていることを生徒と保護者に認識してもらい、速やかに悪口や個人情報を削除します。中学生であっても、誹謗中傷や脅迫まがいの事案があれば、関係機関の対応が必要になる場合も出てきます。そのような重大事案となり得ることもしっかり認識してもらうことが重要です。

　他にも対人関係では、見知らぬ人とのつながりによって、犯罪に巻き込まれるケースが増加しています。そのような可能性を発見した場合は、警察などと連携して素早い対応をとりましょう。

3 生徒を「ゲーム障害・スマホ依存」に しないために

☛POINT

■オンラインゲームやスマホの影響の大きさを生徒や保護者に伝え ましょう。

■予防のために担任にできることを考え、実行しましょう。

　2019年に世界保健機関（WHO）は、インターネットやオンライン ゲームをやり過ぎて、日常生活や 社会生活に支障が出る「ゲーム障 害」を依存症として認定しました。 アルコール依存症のように人間に 大きな影響を与えるものであると いうことです。日々進化するゲー ムは、アルコールより中毒性が高 く、治すことが難しいという説も あります。さらに、脳そのものに 悪影響を与えるという研究もあり ます。近年出現したばかりのスマ ホについて、スマホを長時間利用

スマホやゲームへの依存が将来どのよう な影響を自分に与えるか考えさせる

すると、将来どんな影響が出るのかは、まだ誰も知らないことなので す。

　ここでは、ゲーム障害やスマホ依存にならないために、学校や大人 が何をするべきかを考えます。

「ゲーム障害・スマホ依存」を予防する

① 生徒に向けて

　既に生徒を対象に、専門家からスマホとの付き合い方やインターネッ

トの危険性について話を聞くという取組をしている学校も多いと思います。そういう機会を捉えて、学級全体に話すだけでなく、生徒一人一人とも話をしていきましょう。成績の低下や遅刻、授業中の居眠りは、インターネットやスマホの使い過ぎの影響かもしれません。生活や学習の変化が気になる生徒に対して話しかけてみることで、以降の生活改善につながる可能性があります。そして、担任がゲーム障害やスマホ依存の実態を伝え、それらを予防する役割を果たしましょう。

② 保護者に向けて

授業参観などで保護者が集まる機会に、家庭でのスマホの使わせ方などを話題にしましょう。どんなルールでスマホを使わせているか、ルールを破ったときはどう対処しているかも交流しましょう。この件については保護者も情報を求めており、夜遅くまで他の生徒からメッセージが送られてきて困っていることや、SNSに写真や名前が公開されていることなどが出てくるかもしれません。保護者同士が情報を共有し連携することで「やり取りは21時まで」、「テスト3日前からはSNSを利用しない」といったルールが作られていくきっかけとなるかもしれません。

また、まだスマホなどを持たせていないという保護者がいれば、それぞれの環境にもよりますが、スマホは、卒業してからでも遅くないことを伝えましょう。

卒業期に話したいこと

生徒はやがて、中学校を卒業していきます。高校生になるとスマホなどの1日の使用時間はさらに長くなり、保護者も干渉しにくくなります。当然依存する生徒も増えていきます。しかし、大人の誰もがアルコール依存症になるわけではないように、生徒の全てがスマホ依存になるわけではありません。なりやすい生徒とそうでない生徒がいるのです。卒業の時期には、様々な具体例、ときには自分の体験談などを話し、スマホとの付き合い方を生徒に考えさせてください。将来の夢などと合わせて考えさせるのも有効です。

4 いじめ

1 「ハラスメント」として対応！

☛POINT

■「いじめ防止対策推進法」第2条による「いじめ」の定義を確認
しましょう（被害者が嫌だと思ったらいじめとみなす）。

「けんか両成敗」——いじめ問題では絶対ありえない対応です。罪は罪です。互いの罪どうしが相殺されるはずは決してなく、そもそも加害者と被害者に相互性さえないのが、いじめです。

深刻ないじめ問題の解消をめざして平成25（2013）年に定められた法律「いじめ防止対策推進法」では、いじめは「他の児童生徒が行う心理的又は物理的な影響を与える行為」により「対象生徒が心身の苦痛を感じているもの」と定義されました。

被害者生徒に心を寄せ、「けんか両成敗」で済ませないようにする

教員が「これはけんかだ」、「生徒間トラブルだ」と判断する余地は全くなく、弱い立場にある被害者生徒の言い分や感じ方をそのまま受け入れるよう、既に法制化されています。

いじめは今や「ハラスメント」の一種として、被害者の意向に寄り添って厳格に対処すべき問題です。教師は従来の経験則を捨て、意識を変革する必要に迫られています。

日々のけんかの仲裁に追われるうち「いじめ」を見落とす致命的ミスを防ぐには、生徒間トラブル全てをまずは「ハラスメント問題」として捉えることです。「いじめかけんかか」という発想自体が間違いで、トラブルはハラスメント事案として捉えるのです。

相互性はない、弱者側に立つ——セクハラを例に考える

セクシャル・ハラスメントでは通常、加害者を被害者の前に座らせ、加害者の言い分を被害者に聞かせる対応などあり得ません。仮に、もし「ちょっと仲よくなりたくて軽く触っただけだ、と相手は言っているよ、あなたの考えすぎなのでは？」と言われたらどう感じますか。被害者にはこの先、絶望しかないはずです。

加害者側は、自分の言い分を口にします。しかし、暴力・暴言・無視が、理由の有無で許されていいはずがありません。ましてや加害者の言い分を被害者に伝え「君もこういうところに気を付けたほうがいいよ」と指導するのはとんでもないことで、それ自体ハラスメントです。セクハラに置き換えればすぐ分かることです。

被害者生徒の辛さや悲しさ、くやしさに強く心を寄せ、被害者生徒の共感的理解に努めるのが、スタートでありゴールでもあります。

カウンセリング・マインドで探る——誘因と原因の二段構え

被害者生徒の共感的理解に努めるには、「カウンセリング・マインド」が欠かせません。ある事象が真実かどうかではなく、「その生徒にどう映ったか」を大事にするのです。

被害者が苦しい胸の内を語るとき、いろいろと口にします。しかしその中には、本人が不登校など別の要素を抱え込み、自分の生きづらさを、無意識のうちに他者や現象に仮託して表現することもあります。もしそうなら、被害者生徒が挙げた「いじめ」事象を表面的に除去することが、生徒が学校を休む理由の全てを奪い去り、生徒を追い詰める恐れもある点には留意すべきです。

誘因と原因は別物です。スクールカウンセラーやスクールソーシャルワーカーと協働し、保護者とも連携しながら、誘因だけでなくその背景の原因も探り、生徒の生きづらさを心理学的に分析し、総合的に対応すべきです。

4 いじめ

2 「いじり」でも許さない

☛POINT

- いじりもいじめも、ハラスメントとしては悪質さで大差ないことを生徒に説明しましょう。
- 「様子を見る」にはどんな危険性があるを教師としてしっかり把握しましょう。

「先生がいじめを見過ごした」、「先生の事なかれ主義がいじめ事実を隠蔽した」——起こってはいけないことが、ニュースでは何度も報じられます。いじめはなぜ見つけにくいのでしょうか。

「いじめは『透明化』する」と言う研究者がいますが、現場では、いじめは「いじり」の顔をしてやってくると捉えるほうが、はるかに有効ですし、処方箋も見つけやすくなります。

少しでもおかしいと思ったら、即、対応する

場を盛り上げたい？笑わせたい？いじる側、周囲の仲間、ともに悪意なく振る舞います。その場では、いじられる側も防衛反応で笑うのです。果たしてあなたは、みんなが笑顔の場に出くわしたとき、発言に潜む差別性を見抜き、きちんと指摘できますか。

「いじり」の段階から介入する——敬意のない関係はダメ

テレビのバラエティ番組では、芸人が芸人をからかったり、ののしったりします。しかしカメラの回っていないところでは、台本、挨拶、打ち合わせ、フォロー、観客への説明など、多くの丁寧なやりとりがあり、その上で成り立っているフィクションです。

生徒たちは、テレビドラマの犯罪シーンならフィクションと理解し真似しませんが、バラエティ番組だとつい真似をしがちです。

　トラブルが起きたとき、「いやいや、お約束で、あいつをみんなでいじっていただけだよ」と生徒が言うときがあります。確かにみんな笑っています。いじられたほうも笑っているときがあります。しかしこれは、ハラスメントと同じ構造です。

　トラブルが起きてからでは遅いのです。普段から、たとえいじりでも、居合わせたら必ず、「君たちはそれで本当に楽しいのか」「私にはどこが面白いのかさっぱり分からない」などと間髪を入れず諭すようにしましょう。その上で、自分たちの行いを生徒自身にしっかりと考えさせることです。

　敬意のない関係は、学校で育てるべき人間関係ではありません。

「様子を見る」はダメ──いじりの笑いを鋭く察知

　教員は「しばらく様子を見る」という言い方をしがちですが、いじりの場面を見過ごすのは、いじりを公認したも同然です。

　生徒たちは一見、笑い合っています。しかし、よく見ると、いつも誰かがからかわれていて、その関係は相互的ではなく偏っているときがあります。その段階から人間関係に介入すべきです。

　目を凝らし耳を澄まして、教室に漂う笑いの質を、普段からよく捉えておくべきです。いじめは暴力や叫び声の形で現れるわけではなく、誰かをいじる毎日の笑いの中にこそ現れるものです。

　笑いの質に意識を向けてこそ、指導のきっかけをつかめます。そうでないと「様子を見る」と言ったところで、所詮は「いじめを見過ごす」結果にしかなりません。少しでもおかしいと感じたら、即、対応してください。それが、生徒が安心して過ごせる学級経営につながります。

4 いじめ

3 捜査より心理的ケアの発想で

☞POINT

■弱音を吐く生徒に対しては、理由を聞くのではなく共感を示すことが重要です。

もし、ある生徒が「先生、くたびれた」、「疲れた」と漏らしたら、あなたはどう返しますか

まず、生徒の話に耳を傾ける

 A「弱音を吐くのは君らしくないぞ。がんばれ」

 B「そうか。念のため、保健室へ行くか?」

 C「なぜだ?思い当たることは何かないかな?」

思わず言いそうなAからCは、いずれも適切とはいえません。

それよりもまず「そうか、くたびれたか…疲れたんだね」と言葉を一旦受け止め、そのまま返すのが王道です。

捜査、事実確認も大事ですが、教師はそれよりもまず、安全と生徒の安心感・受容感の確保を最優先すべきです。

すぐ理由を探らない ── 一呼吸置いて「傾聴」から

教師は、常に同時並行で多くのトラブルを抱えています。そして、長期休業明けや大きな行事の準備中など、多忙な時期には必ずトラブルも急増します。それゆえ、教師は常に問題解決を迫られ、生徒の悩みにもついつい、問題解決的に対応してしまってはいませんか? もちろん、悩みを解決しようというのは教師の良心ゆえです。効率的に対応したいという気持ちもあるかもしれません。しかし生徒のSOSには、

まずは「傾聴」するのが基本です。

　静かに「そうか…」と一呼吸置いて、生徒のSOSを受け止めるのです。しかしそのままオウム返しでは、生徒は物足りなさを感じます。返答には、生徒の言葉を使いながら、自分の受け止めとして少し表現を変えて投げ返しましょう。そして、二言目に生徒が何を言い始めるのか、しっかり聞きましょう。ここが一番重要です。集中して聞くようにしましょう。そこにこそ、生徒の本音が現れ始めてくるからです。

　既にお分かりかと思いますが、二言目からの本音のつぶやきを阻止する左のA～Cの応答では、全く不十分だということになります。

「心に映る景色」に関心を ── その生徒なりの真実、という発想

　問題解決のためには、事実確認が不可欠です。しかし学校は、捜査機関ではなく教育機関です。事実調査には限界もあります。

　重大な事案で事実を確認する必要がある際には、担任一人ではなく、必ず複数の教師、チームで相談の上、躊躇せず外部機関の力を借りましょう。そして学校が大事にすべきは、事実確認もさることながら、その生徒にとってその事実が「どう映っていたか」を丁寧に探ることです。

　事実は一つでも、生徒ごとに受け止めは様々で、その生徒にとっての「真実」は生徒の数だけあるのです。そのズレが、いじめや、いじめから引き起こされる深刻な事態につながっていきます。そのズレを、生徒のウソや言い逃れだと決めつけるより前に、まず徹底して寄り添うことが、被害者生徒を心理的に支える第一歩です。保護者からの話も丁寧に聞くことが大切です。その上でカウンセラーの助言を十分受けて慎重に対応しましょう。

教師のタイムマネジメント

　OECDの国際教員指導環境調査（TALIS）では、日本の学校現場の教師の業務時間が、世界的にみても突出して長いことが明らかになりました。国内でも、文部科学省による教員勤務実態調査（平成28年）の結果が公表され、10年前（平成18年）の結果と比べて、「学内勤務時間は増加している一方、持ち帰り業務時間は若干減少している」などが明らかになっています。これらの調査結果を受け、学校現場では、校務支援システムの導入やICT機器の導入などが急ピッチで進んでいます。しかし、これらの取組はハード面の改善にすぎません。日本の学校現場の教師が多忙感を憂えている現状を打開するには、それぞれの教師が、自身のタイムマネジメントを見直す必要があります。

最低でも1週間単位でタイムマネジメントを考える

　学校現場の教師は、1日単位で時間管理をする傾向にあります。「今日は6時間中5時間が授業だったから、残業しないと仕事が終わらない」などの発言はその代表です。1日単位で考えていくと、場当たり的な時間管理しかできず、自転車操業になりがちです。この課題を解決するためには、視野を広くもつ必要があります。それは、最低でも1週間単位で時間管理を行うことです。「1週間の授業時間は30時間あり、そのうち16時間が授業。残りの14時間が空き時間。どの業務をどの時間に行うのか」と考えていくのです。

時間管理のツールを有効活用する

　「時間管理のツール」といっても特別なものは必要ありません。手帳やスケジュール管理のアプリを用いて、自分が行うべき業務を書き込み、1週間単位で「視える化」するのです。空き時間の中でどれだけの業務を行えるかを突き詰めていくと、業務の優先順位も明確になります。

先行事例を参考にする

　教育書の分野には、「教師のための仕事術」のような書籍が出版されています。ビジネス書のコーナーには、仕事術の本が多くあります。これらの書籍なども参考にして、自分のタイムマネジメントを見直してみてはどうでしょうか。

01. 週間学習計画表

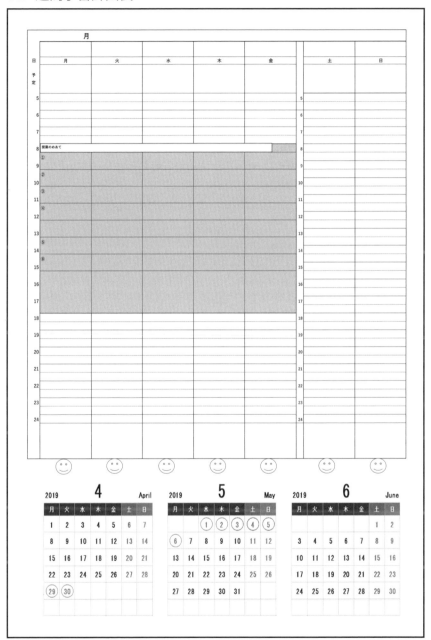

※記入例は本書p54に掲載。

学習計画表　～（　　　　）に向けて

中学校　　　年　　　組　　　番（氏名　　　　　　　）

※記入例は本書p56に掲載。

O月																			
曜日	（金）	（土）	（日）	（月）	（火）	（水）	（木）	（金）	（土）	（日）	（月）	（火）	（水）	（木）	（金）	（土）	（日）	（月） テスト1日目	（火） テスト2日目	（水）

https://www.toyokan-publishing.jp/book/tyu_gakkyu/dl.zip

03. 定期テスト学習ふりかえりチェック表

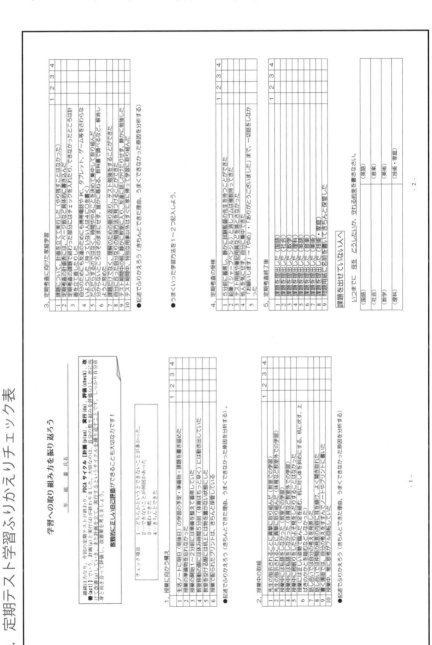

学習への取り組み方を振り返ろう

継続は力なり。今回の定期テストが終わり、PDCA サイクル【計画（plan）、実行（do）、評価（check）、改善（act）】で、計画通りに実行できたかを振り返ります。大切なのは、自分の取り組みを客観的に見つめ直し、次回に向けて改善の糸口を見つけ、実行することです。このサイクルを繰り返すことで、よりよい自分自身と向き合って評価し、改善点を考えましょう。

習慣的に正しい自己評価ができることもとても大切なのです！

年　　組　　番　氏名

チェック項目
1 …どちらかというと「できている」ことが多かった。
2 …「できない」ことが多かった。
3 …一概には言えなかった。
4 …きちんとできた。

1. 授業に向かう構え

	1	2	3	4
1 生活ノートに明日（翌授業日）の学習の予定・課題を確認した				
2 授業の準備物を忘れずに着席していた				
3 授業の開始1〜2分前に準備を整えて着席していた				
4 教室移動の際には体調を2分前（体育は5分前）には移動開始していた				
5 教室を空っぽにして出発はしない（物を置かない状態）にしていた				
6 授業で配られたプリントは、きちんと保管していた				

●記述でふりかえろう（きちんとできた理由、うまくできなかった原因を分析する）

2. 授業中の取組

	1	2	3	4
1 先生の指示されることに真剣に取り組んだ（教室での学習）				
2 先生の指示されることに真剣に取り組んだ（体育など教室外での学習）				
3 授業中は話をきちんと聞いていた（教室での学習）				
4 授業中は話をきちんと聞いていた（教室外での学習）				
5 授業中は正しい姿勢で臨んだ（足を組まず、机に伏せない、上体をまっすぐにして臨んだ）				
6 授業のなかで主体的に取り組んだ				
7 話し合いでは自分の意見を述べた				
8 話し合いでは他の人の考えをしっかり聞いた				
9 授業中は内容をまとめてノートをとっていた				
10 黒板に書かれたことをノートに書いた				

●記述でふりかえろう（きちんとできた理由、うまくできなかった原因を分析する）

3. 定期考査に向けた家庭学習

	1	2	3	4
1 課題について、計画を立てて実行した（やり残すことはなかった）				
2 定期考査の計画表には、ページ数など細かく書き込んだ				
3 計画の実行状況を終わったらチェックを入れたり、できなかったところは計画し直した				
4 自分のために有効に学習に集中できる環境をつくった（PC、タブレット、ゲームをからなしにして待つのではなく、時間を決めて集中して取り組んだ）				
5 だらだらするのではなく、時間を決めて取り組んだ				
6 わからないところは友達に聞いたり先生に聞いて、解消し、わかるようにした				
7 課題だけでなく、理解のための振り返り、テスト勉強をすることができた				
8 自分にあった自分なりの勉強法を見つけることができた				
9 テスト期間中のみ、静かに教室に入り、友達にしゃべりかけず、静かに勉強した				
10 テスト期間中、特別な行事以外はできるだけ家で勉強し、学習に取り組んだ				

●記述でふりかえろう（きちんとできた理由、うまくできなかった原因を分析する）

●うまくいった学習方法を1〜2つ記入しよう。

4. 定期考査の受験

	1	2	3	4
1 5分前に着席し、静かに試験監督の先生を待つことができた				
2 鉛筆などの用具をそろえて準備運動はできた				
3 テスト用紙や問題用紙に名前を書き忘れることはなかった				
4 他人気にせず、自分に集中できた				
5 「表紙」しまいます→「やめ」・「ありがとうございました」まで、一切話さなかった				

5. 定期考査結了後

	1	2	3	4
1 課題を提出した（国語）				
2 課題を提出した（社会）				
3 課題を提出した（数学）				
4 課題を提出した（理科）				
5 課題を提出した（英語）				
6 課題を提出した（音楽）				
7 課題を提出した（美術）				
8 課題を提出した（技術・家庭）				
9 問題用紙に名前を書いて、きちんと保管した				

課題を出せていない人へ
いつまでに　何を　どうしたいか、守れる約束を書きなさい。

（国語）
（社会）
（数学）
（理科）
（英語）
（音楽）
（美術）
（技術・家庭）

※記入例は本書p86に掲載。

- 1 -

- 2 -

編著者

冨山哲也 （とみやま・てつや）─────────────

十文字学園女子大学人間生活学部児童教育学科教授。

東京都公立中学校教員、あきる野市教育委員会、多摩教育事務所、東京都教育庁指導部指導主事を経て、平成16年10月から文部科学省教科調査官（国語）、国立教育政策研究所教育課程調査官・学力調査官。平成20年版学習指導要領の作成、全国学力・学習状況調査の問題作成・分析等に携わる。平成27年4月から現職。平成29年版学習指導要領等の改善に係る検討に必要な専門的作業等協力者（中学校国語）。

杉本直美 （すぎもと・なおみ）─────────────

文部科学省初等中等教育局教育課程課教科調査官・国立教育政策研究所教育課程調査官・学力調査官。博士（教育学）。

川崎市立中学校教諭を経て、平成21年4月から文部科学省国立教育政策研究所学力調査官・教育課程調査官。平成27年4月から現職。平成20年版中学校学習指導要領解説国語編作成協力者。

［執筆者一覧］ ※執筆順。所属は令和2年1月現在

■ **杉本直美** （前掲） ……… 序章1

■ **冨山哲也** （前掲） ……… 序章2

■ **舟橋秀晃** （大和大学教育学部教授）
……… 【コラム】家庭訪問、1章4、6、12、15、2章4

■ **積山昌典** （広島県立広島中学校教諭）
……… 1章1、3、8、17、2章2、【コラム】教師のタイムマネジメント

■ **廿樂裕貴** （埼玉大学教育学部附属中学校教諭）
……… 1章2、10、13、14、【コラム】通知表、2章1

■ **萩中奈穂美** （福井大学教育学部准教授） ……… 1章5、9、18

■ **高橋 伸** （札幌国際大学人文学部教授） ……… 1章7、11、16、2章3

3年間を見通せる

中学校学級経営コンプリート

2020（令和2）年3月19日　初版第1刷発行

編著者　冨山哲也・杉本直美
発行者　錦織圭之介
発行所　株式会社東洋館出版社
　　　　〒113-0021　東京都文京区本駒込5丁目16番7号
　　　　営業部　電話03-3823-9206　FAX03-3823-9208
　　　　編集部　電話03-3823-9207　FAX03-3823-9209
　　　　振替　00180-7-96823
　　　　URL　http://www.toyokan.co.jp

［イラスト］バント大吉
［装幀・本文デザイン］中濱健治
［制　作］株式会社明昌堂
［印刷・製本］岩岡印刷株式会社

ISBN978-4-491-04047-9　　Printed in Japan